フルインクルーシブ教育見聞録

イタリアの現場を訪ねて

大内紀彦

Toshihiko Ouchi

現代書館

フルインクルーシブ
教育見聞録＊目次

イラスト＝田渕正敏
地図作成＝曽根田栄夫

スイス
オーストリア
ハンガリー
フランス
スロベニア
ミラノ
ヴィチェンツァ
トリエステ
ヴェネツィア
クロアチア
ボローニャ
ボスニア・ヘルツェゴビナ
リミニ
フィレンツェ
アンコーナ
N
アッシジ
コルシカ島
ヴィテルボ
アドリア海
ローマ
イタリア
サルデーニャ島
ティレニア海
カリアリ
イオニア海
シチリア島
アルジェリア
チュニジア
地中海
マルタ

イタリア概略図

はじめに——新たな旅の始まり

数年にもわたって世界中を震撼させたコロナウィルスの大流行もあって、イタリアを最後に訪れてから5年もの年月が過ぎ去っていた。前回イタリアを訪れたのは2017年の暮れのこと。真夜中の0時過ぎのエミレーツ便で羽田空港を出発し、かつて長い留学生活を送ったヴェネツィアに舞いもどったのは12月23日、底冷えのする薄暗い午後のことだった。縦横無尽に張りめぐらされた運河に400以上といわれる橋が架けられた「水の都」を行きかう人びとは、誰もが厚手の上着に身を包んでいた。

ヴェネツィアの空港からバスで本島に向かう道すがら、その当時、飲食店に勤めていた旧知の友人に連絡をとってみるとすぐに返信があり、ちょうどいま荷物運搬用の船を走らせて、ヴェネツィア本島の玄関口であるローマ広場（空港から来るバスの終点でもある）に向かっているという。思いがけない偶然から、ヴェネツィアに到着するや旧友と落ち合うことができ、しばし再会を喜び合った。そして、食材などが積み上げられた船に乗り込み、ヴェネツィア本島の真ん中を流れる大運河を通って、サン・マルコ広場近くの友人が住むアパートまで送ってもらったのだった。

このときは勤務先の冬休みを目いっぱい利用した旅だった。ヴェネツィアに到着した夜には、友人たちとレストランで夕食を楽しみ、その後はトスカーナ州ヴィアレッジョの友人宅でクリスマスを過ごすと、12月28日にはスペインのマドリッドへ飛んで、日本から来た友人二人と合流、夜空を鮮やかに照らす年越しの花火を眺めたのは、ポルトガルのリスボンだった。

さらに、年明けの1月3日には、スペインのアルヘシラスから連絡船でジブラルタル海峡を渡り、モロッコへと移動した。そして、モロッコの港町タンジェで、予約しておいたレンタカーを借り受けると、友人の運転でモロッコを南下し、フェズの街へと足を延ばした。旅の最後の夜を過ごしたカサブランカから日本に戻るための帰路についたのは、たしか1月6日のことだった。今となっては遠い昔のように思える、懐かしい旅の記憶である。

日本の教育現場からイタリアの教育現場へ

あれから5年以上が経過した2023年の4月7日の深夜、偶然にも私は前回のイタリアへの旅と同じく、0時過ぎに羽田を発つエミレーツ便に乗っていた。めざす目的地はイタリア北部に位置する古都ボローニャ、ここでの滞在予定はおよそ1年。滞在の目的はイタリアの「ペダゴジア・スペチャーレ（子どもたちがもつ、障害などの個々の教育的ニーズに応じておこなわれる教育のこと）」の研究と、現地の学校でおこなわれている実践を自分自身で体験してみることだった。

教育学という分野についていえば、ヨーロッパ最古の大学といわれるボローニャ大学（創立は11世紀に遡る）は、イタリアをリードする教育機関の一つだといえる。加えて、この大学の教育学部で教鞭をとる教授たちには、著名な人たちも多い。

また、地理的には北イタリアに位置するとはいえ、ボローニャはイタリアの主要都市を結ぶ交通の要衝でもある。特急列車を利用すれば、北西に位置するミラノまで1時間強、北東の方角のヴェネツィアまで1時間半、そして、南下すればフィレンツェまでわずかに40分、そのまま列車に乗って1時間半もいけばローマという非常に恵まれた立地にある。もちろんボローニャの空港を活用すれば、その他のイタリアの主要都市にも容易にアクセスすることができる。イタリアの複数の都市の小学校や中学校、そして学校に関係する機関の調査をしたいと考えている私にとって、1年間のイタリア滞在にふさわしい町は、ボローニャをおいて他に思い当たらなかった。3月の末に勤務校の業務を終えると、私は役所や銀行を駆けまわって休職と転居の手続きをすませ、スーツケースに無造作に荷物を詰め込むと、慌ただしく日本を出発したのだった。

ところで、私は障害のある子どもたちが在籍する特別支援学校の教員である。この職に就いたのは2013年の春のことだから、イタリア滞在を始めようとしていた2023年は、仕事を始めて10年という節目の年に当たっていた。支援学校の教員となってから最初の数年は、寸暇を惜しんでイタリアの精神医療改革の翻訳紹介に精を出していた。2004年から2010年におよんだ以前のイタリア留学生活の中で(この期間の研究対象は歴史や文学だった)、イタリア北東部の国境の町トリエステを主な舞台として、1970年代に大々的な精神医療改革がおこなわれたことを知り、大きな衝撃を受けた(1978年に成立した通称バザーリア法に基づき、イタリアは精神病院の廃止に向けて大きく方向を転換した)。それ以来、この改革の理念や実践をなんとか日本に紹介したいと念じてきた。そして、この思いは志を同じくする方々との協同作業によって、翻訳書2冊の刊行としてどうにか実を結ぶことになった。

日本でのイタリアの精神医療改革の紹介に一つの区切りがついてから、ここ5年ほどのあいだは、イタリアの「ペダゴジア・スペチャーレ」への関心をますます募らせている。それは、端的に言って日本の特別支援教育に対してどうにも釈然としない、割り切れない疑念を膨らませてきたことの裏返しの表れでもあった。

周知のように、障害のある子どもたちの教育は、日本では特別支援学級や特別支援学校でおこなわれるのが主流になっている。私自身もそうした教育に携わっている。もちろん、地域の学校の通常学級で学んでいる障害児もいるが、インクルーシブ教育の推進が叫ばれていながら、その数は増えていない。最新のデータを見ても、少子化が進行しているにもかかわらず、特別支援学級や特別支援学校に在籍する生徒数は、増加の一途をたどっているのが現実なのだ。

障害児の教育に関わってきた多くの優れた先人たちは、「子どもたちにとって必要な教育とは何か」という根源的な問いと常に対峙しながら、ときには失敗を重ねつつ、教育の改善に努めてきたはずだ。その蓄積が、今日の日本の特別支援教育の礎を形づくっていることは疑いようもないし、その価値を否定したり、過小評価したりしようという意図はない。そこには、われわれが今後も継承し、さらに磨き上げてゆくべき教育哲学や理念、そして教育現場で試行錯誤の末にあみ出されてきた教育法が数多く存在することだろう。

とはいえ、障害のある子どもたちに対して、特別支援学級や特別支援学校といった「特別な場」でおこなわれている教育が、「インクルーシブな教育」、そして、その先にあるはずの「インクルーシブな社会」や「共生社会」の実現に、はたして貢献するのだろうか。

一般的にいって、現在の日本の教育制度の中で地域の学校の通常学級に在籍する、あるいは通級の指導を受けている障害児は、比較的に軽度の障害をもつ生徒である場合が多い。その一方で、重度の障害のある子どもたちの多くが、特別支援学級や特別支援学校といった「特別な場」で教育を受けている。こうした場を分けておこなわれる教育が、どのようにインクルーシブな社会づくりに貢献できるのか。インクルーシブな社会の実現という観点からみると、現在の日本の教育制度を肯定的に捉えることは、少なくとも私にはなかなか難しい。

2015年から2017年にかけて、私は特別支援学校の高等部に所属する教員だった。そのとき、高校1年生からの3年間、同じ学年を持ち上がりで担当するという幸運に恵まれた。高等部の3年次には、卒業後の進路をめぐって、生徒本人や保護者たちと一緒に、どうにか本人たちにふさわしい進路先を見つけられないかと頭を悩ませたものだ。3年間を一緒に過ごし、どの生徒にも様々な可能性があると信じていたが、実際にわれわれ教員が教え子たちに提案できたのは、わずかな職種の仕事だけだった。選択肢などほとんどないに等しかった。子どもたちや保護者の方々に対して、教師の一人として、このときほど強くあまりに無力で情けなく申し訳ないという思いに苛まれたことはなかった。

そのとき、特別支援学校を卒業していった30名ほどの教え子たちのほとんどは、いわゆる「福祉的就労」をしたが、その就労先が「就労移行支援」と呼ばれるものであれ、「就労継続支援」と呼ばれるものであれ、あるいは「生活介護」と呼ばれるものであれ、それらのすべてが、障害者だけが集められた職場・居場所であることに変わりはなかった。その学年には、卒業後に入所施設で暮らし始めた子もいたが、結局のところ日本では障害のある人たちの多くが、社会から切り離され、隔離された場所で仕事をし、暮らしていくことを余儀なくされているのが現実である。

いわゆる健常児と障害児を分離しておこなう教育制度の延長線上には、ある意味では必然的な帰結として、分離した社会(職場)が用意されてしまうのではないか、私にはそのように思えた。教え子たちが社会に出ていく姿を思い浮かべても、希望に溢れた楽し気な将来を想像することはできなかった。想像できたのは、不自由で閉ざされた社会に生きる子どもたちの姿だった。そして、こうした自分自身の経験が、イタリアでおこなわれている「ペダゴジア・スペチャーレ」という教育に、さらなる興味を抱かせることになった。

イタリアは、1970年代に原則として特別な学級や特別な学校を廃止し、世界の国々に先駆けて、もっとも早い段階で「フルインクルーシブな教育」に舵を切った国である。障害児の99パーセント以上が、地域の学校で教育を受けているという統計的なデータが如実に示しているように、イタリアは文字通りフルインクルーシブ教育を実践している。

2022年9月、日本の障害児教育は、国連障害者権利委員会によって「分離教育」

であると明確に指摘され、そうした教育の中止が求められた。その一方で、障害者権利条約の理念に基づいてインクルーシブな教育の推進を唱えている国連が、もっとも理想に近い教育形態の一つとして捉えているのがイタリアの教育だった。その意味では、インクルーシブ教育という観点からすると、日本の教育とイタリアの教育は、まさしく対極にあるといってよい。イタリアのフルインクルーシブ教育に、私が強く惹かれる由縁である。

日本の教育を本当の意味で客観的に見つめ直すためには、日本の教育制度からいったん離れて、その制度の外側に自分自身を置いてみることが必要なのではないか。イタリアに滞在して、イタリアの教育現場に飛び込んでみることは、私にとっては自分自身の身に沁みついてきた日本の教育制度の外側に、自らを置いてみることを意味していた。

何年ものあいだ想像を膨らませてきたイタリアの地にようやく戻ってきた。これから始まるのは、古都ボローニャでの新たな生活だ。本書では、イタリアの大学で学んだこと、教育現場で実際に自分自身が体験したこと、観察したこと、そしてそれに基づいて考えたことを、現地レポートというかたちでお伝えすることにしよう。このイタリア現地レポートを通じて、日本の教育をめぐる制度の外側に、あるいは日本社会の枠組みの外側に、少しでも読者のみなさんを連れ出すことができ、イタリアの教育を対話の相手として、日本の教育のあり方を改めて問い直すきっかけをつくることができるとしたら、私の1年間のイタリア滞在の目的は十分に達成されたことになるだろう。

Report 1

「共に生きる」を学ぶ

――リミニの「永遠の」教育学園訪問記――

2023年5月初旬、いっこうに降り止もうとしない横なぐりの雨の中、吹きつける強風に逆らうように傘を構えて、足早にボローニャ中央駅に向かい、すでにホームに停車していた8時発のローカル列車に乗り込んだ。向かう先は、ボローニャから1時間ほどのアドリア海に面した海辺の街リミニ。風光明媚なリミニは、現在では長いビーチが続く一大リゾート地として名高いが、古代ローマの遺跡やルネッサンスの時代の絵画作品も残された古い街でもある。イタリア映画好きであれば、映画監督フェデリコ・フェッリーニの生まれ故郷として、この街をご記憶の方も多いだろう。

リミニを訪れるのは初めてだったから、運よく天気に恵まれていたら、街歩きも十分に楽しめたはずだ。でも、この日はあいにくの雨模様だったので、まだ集合時間には少し早かったが、まずは待ち合わせ場所に向かった。指定された場所に着き、知己のボローニャ大学の教授、そして彼女の授業を受講している学生たちと合流すると、私たち一行は、大学（ボローニャ大学はリミニを含めて他のいくつかの街にもキャンパスをもっている）からほど近くにある「イタリア―スイス教育学園」という名の学園を訪れた。校門付近には、「〈永遠の〉教育学園」（あるいは〈時を超える〉教育学園」）とでも訳せるだろう学校のスローガンが、横断幕に記されて掲げられていた。「子どもたちの教育村」

と称された学園の敷地には緑豊かな木々が生い茂っていて、門を潜ってみると満面の笑みで走りまわる子どもたちの姿が目に飛び込んできた。

この教育学園が設立されたのは戦後すぐの1946年5月、今年で創立77周年を迎えたことになる。戦争の犠牲となった子どもたち、あるいは戦争孤児となった子どもたちの社会的な救済を主な目的として、リミニ市の要請を受けてスイスの資金援助によって設立されたのが、この学園の始まりである。子どもたちの救済運動を主導したのは、チューリッヒから招かれた教育学者マルゲリータ・ゾエーベリ。この学園は、現在は私立の学校法人となっていて、イタリアの学校制度に準じて運営されている（イタリアのカリキュラムや学習指導要領に沿って運営される「同等学校（イタリア語でScuola Paritaria)」に指定されている）。

「共に生きる」を学ぶ

私たち一行の訪問を穏やかな笑顔で迎えてくれたのが、若き学園長ベッルッチさん。彼女が学園の沿革や概要、そして教育方針などを丁寧に語ってくれた。学園には決まった教育メソッドはなく、子どもたち一人ひとりが抱えたニーズにいかに応えるかを大前提として教育をおこなってきたこと、現在の学園は、保育園（3歳以下）、幼稚園（3歳～6歳）、小学校（6歳～11歳）の三つの部門からなり、300名ほどの子どもたちが在籍していること、そのうち、障害のある子どもたちは10パーセントほどの約30名で、そうした子どもたちには、個別教育計画[*1]を作成し、それに基づいて教育活動を展開していることなどが説明された。

そうしたなかで、もっとも説明に熱が入っていて印象に残ったのは、学園の教育目標や教育方針についての話だった。ベッルッチさんは、「社会的能力」、「社会的共同体」、「民主的社会」、「グローバル市民」といったキーワードを用いて、学園の教育方針について語った。「学校では、子どもたちが、お互いの存在を認識し合い、それぞれのあいだで関係性を築きながら、共に生きることを学ぶことがもっとも大切である」というのがとりわけ強調されたことだった。

1時間ほどの講話が終わると、私たちは数人ずつの小グループに分けられ、続いてそれぞれ参観を希望したクラスに案内された。私が見学できたのは、小学校の第1学年の二つのクラスだった。突然の来訪者にもかかわらず、わずか6歳の子どもたちは立ち上がって近づいてくることもなく、終止落ち着いていて、平然と学習活動を続けていた。驚いている私たちに対して、クラスにいた一人の教師が「この子たちは訪問者には慣れているし、この子たちだって、今年度が始まった当初は（イタリアの学校の新年度が始まるのは9月）、こんなには落ち着いていなかったんですよ」と笑って事情を説明してくれた。

40人弱の生徒がいる小学校の第1学年は、「パンドーロ」クラスと「チャンベッラ」[*2]クラスの2クラスに分けられていた。どちらのクラスにも、イタリアを代表するお菓

＊1　個別教育計画（ＰＥＩ：ペイ）とは、障害が認定された子どもの教育と学習を保障するために、学校在学中に作成され随時更新されていく個別の教育計画のこと。イタリアの場合、障害児に対して加配される支援教師が中心になり、医療や福祉の専門家と一緒にチームで作成する。個別教育計画の様式は全国共通になっており、以下のサイトで入手できる。小学生用でＡ４にして12ページ分の分量がある。
イタリア教育省：個別教育計画（ＰＥＩ）
https://www.istruzione.it/inclusione-e-nuovo-pei/decreto-interministeriale.html

＊2　パンドーロは、クリスマスの時期にイタリア全土で食べられている伝統菓子。牛乳、卵、バターを使って焼き上げるもので粉砂糖がかかっている。チャンベッラは、ドーナツ状の形をしたスポンジケーキのこと。

子の名が用いられていた。教室内に下げられていた時間割表を眺めてみると、私たちが参観していた火曜日の10時45分~12時までは、「チャンベッラ」クラスが「算数」の時間、「パンドーロ」クラスが「イタリア語」の時間に当たっていた。この授業の後の12時~13時までが給食の時間で、学校は月曜日から金曜日まで、毎日朝8時半から午後15時半まで、ぎっしり授業が組まれていた。

最初に足を踏み入れたのは、算数をやっていた「チャンベッラ」クラスだった。2名の障害児を含む20名弱の生徒のクラスに、4名の指導者が配置されていた。もう一方の「パンドーロ」クラスには、1名の障害児（障害は未認定）を含む20名弱の生徒がいて、3名の指導者が配置されていた。

クラス編成は、おそらくイタリアでは標準的なものだが、教員配置はやや手厚いなという印象をもった。あとで尋ねてみると、算数の専科の教師が2名、イタリア語の専科の教師が2名、さらに支援教師2名（教員免許をもった教師で、障害が認定された生徒に対して加配される。障害児の教育・支援の責任を負うとともに学級運営全体にも関わる）と教育士1名（社会的協同組合から派遣される専門職で、障害児の社会性の向上や人間関係づくりのための支援をおこなう。教員免許はもたない）がいたそうだが、授業が始まってしまえば、どの指導者も「同等に扱われる」ということで、外部から見ているかぎり、どの指導者がどの教科の担当者なのかは、まったく区別がつかなかった。

どちらのクラスでも、子どもたちは4、5名程度の小グループに分かれて席に着き、学習活動に精を出していた。算数の授業中だった「チャンベッラ」クラスでは、それぞれの生徒が手に手に数字カードを持ち、生徒同士でカードを読み上げていた。指導者たちは、ときおり立ち上がっては各グループをまわり、生徒たち自身で活動が進められるように補助をしているようだった。

学園のホームページには、「生徒一人ひとりの潜在能力を高めるために、教師が教壇からおこなう形式の授業を避け、代わりにグループ活動を重視し、生徒が意欲をもって参加できる個別の学習法を取り入れている」と記されているが、こうした考え方が、実際の授業でも徹底されているように見受けられた。

障害のある生徒も一緒に学ぶ

授業を参観中ふと気がつくと、先ほどまではいなかったはずの一人の生徒が目に留まった。聴覚過敏があるのだろうか、イヤーマフをつけた障害のある生徒の傍らには、一人の指導者が付き添っていた。落ち着かないのか、ときどき立ち上がっては周囲を見回したり、訪問者のいる教室の後ろをぼんやり眺めたりしていた。

「あの生徒は最初からクラスにいましたっけ」と尋ねてみると、「チャンベッラ」クラスと「パンドーロ」クラスのちょうどあいだに、ドアでつながったいわゆる「リソースルーム（個別の授業をおこなったり、クールダウンをしたりするための部屋のこと）」のような空間が用意されていて、しばらくそのスペースで過ごしてから、クラスの授業に合流したという。その部屋を見せてもらうと、横になれるようにマットが敷かれている空間があったほか、指導者と横並びで、もしくは対面で個別授業をするためのものだろう、2組の机が用意されていた。

小一時間ほど授業の様子を眺めていると、一人の指導者が各グループに質問を投げかけ、生徒がそれに答えるかたちで授業のまとめと振り返りがおこなわれ、授業が終わった。このあとは、生徒がお待ちかね（？）の給食の時間。クラスでは生徒一人ひとりに役割が割り振られているようで（本棚の片づけ係、玩具の片づけ係、ごみ捨て係、生き物や植物の世話係など）、給食の配膳係に当たっている生徒は、素早くエプロンを身につけると、先生の手伝いを始めていた。

授業の参観を終えた私たち一行は、学園長が講話をしてくれた部屋にもう一度戻った。そして、参観した授業を踏まえて、質疑応答が始まった。そこでは、クラスの教員配置の工夫（教員ごとに教育法、経験、熱意などが異なるので、ベテランと若手を組み合わせるなどの配慮）、宿題について（この学校は、毎日15時半まで学校があるので、宿題は最低限とのこと）、多様な指導者（教科教師、支援教師、教育士のほか、多くの教育実習生、ボランティアなどの受け入れ）、成績や評価のシステムはなし、といったことについて質疑がおこなわれた。

学園長が独自の取り組みとして紹介してくれたのは、「インタークラス・システム」

支援教師のサポートで学ぶ聴覚過敏のある生徒

あるいは「インターディシプリナリー・アプローチ」というものだった。生徒同士のあいだに多種多様な人間関係を構築すること、そして、生徒たちの学習意欲の維持を目的として、同一年度内に学年のクラス編成を複数回し直したり、指導者の配置を入れ替えたりしているということだった（同学園では、幼稚園は年齢別のクラス分けはしていないが、小学校では年齢別に各学年2クラスに編成している）。「指導者がもっているリソースは限られているので、障害のある子を含めて、子どもたち同士で助け合う必要がある、年度内にときどきクラス替えをおこなうのは、子どもたちのあいだの人間関係が固定してしまうのを避けて、新たな関係性を生みださせるため」ということだった。

イタリアの学校では、クラス替えがおこなわれず、同じ教師とクラスメイトのまま学年が上がっていくことが一般的とされている。だから、この「インタークラス・システム」あるいは「インターディシプリナリー・アプローチ」は、学園の歴史的な取り組みのなかで根づいてきたユニークな教育法の一つだといえるだろう。

午前10時頃から約3時間にわたった学校訪問は、大いなる充実感とともに終わった。私にとっては、イタリアの学校を訪問する初めての機会だった。

学校訪問を終えてから数日が経ったある日、改めて学園のホームページを見てみると、この学園の教育目標・方針が根ざしている八つの原則が記されていた。その一つに挙げられていたのが「社会性の原則」だった。そこには、このように明記されていた。

あらゆる教育的な環境とくに学校は、学習のための場である以前に社会的な場であって、学校というのは教育的な共同体なのである。したがって、学校では、すべての子どもたちが、自分自身のアイデンティティの重要な側面をつくり上げることができなければならない。

この学園では、学校という場が果たすべきもっとも重要な役割や機能として、学力や知識を身につける以前に「異なるアイデンティティをもつ子どもたちが、お互いに関係性を築きながら、共に生きていくことを学ぶこと」に大きな重きを置き、教育がおこなわれている。

日本とイタリアでは、前提となっている歴史や文化あるいは社会的状況が大きく異なっているために、教育をめぐる比較検討は安易にはおこなえないだろう。そうした両国の教育に対する考え方の隔たりはさておき、このたび訪問した学校の教育目標や方針には、日伊両国のあいだにある根本的な教育観の違いが、明白に表れているように思われた。

Report 2

学校は社会を映し出す鏡

——ボローニャ大学「支援教師」養成講座①——

エミリア・ロマーニャ州の州都であるボローニャは、周囲を城壁で囲まれた城塞都市である。イタリア語で歴史中心地区《チェントロ・ストーリコ》と呼ばれる旧市街は、いびつな5角形のような形をしていて（井上ひさし著『ボローニャ紀行』）、東西および南北に2キロほどの範囲に広がっている。そして、旧市街を囲むようにして、かつてあった12の城門のうち、現在でも10の城門が残されている。4月から暮らし始めたアパートの窓から身を乗りだせば、階下を通るサラゴッツァ通りの先に、残された城門のうちの一つサラゴッツァ門を眺めることができた。

旧市街の中心部には、ボローニャを代表する観光スポットであるアジネッリとガリセンダという2本の斜塔が建っている。このあたりから放射状に主要な道が延びていて、それらの道を通って町を囲んでいるそれぞれの城門までは、ゆっくり歩いたとしても20分～30分もあればたどり着くことができる。ボローニャの場合、東西であれ南北であれ1時間もあれば、町の端から端まで歩けてしまうのだ。

ボローニャの旧市街にボローニャ大学はある。とはいっても、日本の大学のキャンパスのように校舎が特定の区画にまとまっているわけではなく、大学関連の建物は、文字通り町のあちこちに散らばっている。現在のボローニャの町の人口は中心部でおよそ40万人、そのうちボローニャ大学の学生数は11万人ほどだといえば、この町の中心部にどれほど多くの学生が密集して生活しているかが想像できるだろう。この原稿

ボローニャ大学のシンボル（旧大学棟）

を執筆している6月の末はそろそろ大学の試験期間も後半に向かう頃だが、週末ともなればスプリッツと呼ばれるオレンジ色やルビー色をした安カクテルあるいは1杯のビールを片手に、飲み屋の軒先に立ち止まったまま、あるいは教会前の広場にじかに座り込んでは、尽きないおしゃべりに興じる若者たちの姿が、深夜まで町中に溢れかえっている。

ボローニャ大学の本部は、この町のシンボルの斜塔の真下からサン・ドナート門に向かって延びているザンボーニ通りの33という住所のポッジ宮殿の中にある。ボロー

ニャの旧市街でいうと北東の方角の地区になるが、この周辺がいわゆる学生街の中心になっていて、人文学関係の学部の校舎、劇場、美術館、図書館、学生食堂、書店、コピー店、そして大衆食堂やバールなどが数多く集まっている（旧市街には、ろう者たちがスタッフとして働いているバールもある。詳しくはコラム1を参照）。

4月の初旬に日本を離れてボローニャに降り立ち、この町でイタリアの教育の研究を始めてからというもの、ボローニャ大学の教育学部の校舎や講演会会場を訪れることがたびたびあるが、それらの施設もたいていはこの学生街の一郭にある。

ボローニャ大学「支援教師」養成講座

ボローニャ大学の今年度の授業期間の終わりが近づいていた5月6日と13日（9月に新年度を迎えるイタリアの大学では、5月〜6月頃に授業期間が終わると、2カ月近くにもおよぶ長い試験期間が始まり、それが終わると夏休みになる）、教育学部では「支援教師」養成のための集中講座が開かれていた。知己の間柄だった担当講師の誘いに応じて、私は授業の聴講に出かけた。この集中講座は午前中に始まり、昼食の休憩をはさんで夕方まで続いた。受講者の大半が、学校現場で教壇に立っている現職教師たちであることもあってか、講座は土曜日に設けられていた。

本書の「はじめに」でも触れたが、イタリアは1970年代に抜本的な学校改革をおこなって以来、原則として特別な学級や学校を廃止して、「フルインクルーシブ教育」を実践している。統計データによれば、障害児の99パーセント以上が地域の学校に健常児と一緒に通学しているが、そうした子どもたちの個別の支援やインクルージョンのための調整を中心になって担っているのが「支援教師」と呼ばれる教師たちである。

支援教師の免許を取得するには、大学で小・中・高の各教科の教師（イタリアでは小学校を含めて教科担当制が基本）になるための基礎単位を取得したうえに専門コースを履修し、さらに数カ月の現場実習を終える必要がある。支援教師は高い専門性と技能が要求される職であり、イタリアのフルインクルーシブ教育を支えるキーパーソンだといえる。ボローニャ大学でおこなわれた集中講座は、こうした高度な専門職を養成するための講座の一環だった。

支援教師の養成講座を担当していたのは、日本での滞在経験もあるアリーチェ・イモラ先生だった。博士号をもつ大学教員であるのと同時に、リミニ近郊の学校現場で支援教師としても活躍している。理論と実践のあいだを精力的に行き来しながら活動していて、私は彼女から多くのことを学ばせてもらっていた。

この養成講座では、最初の土曜日に丸一日をかけて概説的な講義がおこなわれ、そこで学校現場の実践を支えている基本的な理念や理論の解説がなされた。次の土曜日には、受講者たちが4〜5人のグループをつくり、前回の講義を受けて実際の学校現場での活動を想定して授業計画を立て（対象生徒は中学生、授業内容は日本の学校の「特別活動」に近い）その発表がおこなわれた。また、それについてイモラ先生とのあいだで質疑応答が交わされた。授業計画の立案と発表そして内容についての質疑応答は、この養成講座の修了試験の一部にもなっていた。

なぜインクルーシブ教育なのか

さて、実際の講義の中から、日本の教育との比較という点でとりわけ興味深かったことをいくつか取り上げて紹介しよう。スライドを使って進められた講義は、次のような引用の言葉で始まった。

「学校は社会を映し出す鏡であり、学校は人生設計の方向性を決める助けになるものである」
「学校インクルージョンと社会的インクルージョンのあいだに違いはない」
「生徒の社会的なインクルージョンが脆弱で、学校で良い成果を得られていないとしたら、それは障害のせいではなく、学校組織と教育実践に欠陥があるからである」

このスローガンともいうべき言葉は、50カ国近くの言語に翻訳されているT・ブース、M・エンスコー著『インクルージョンのための指針』（2016年、日本では2022年に東京大学大学院教育学研究科附属バリアフリー教育開発研究センターが翻訳）の内容を踏まえて作成されたもので、インクルーシブな教育実践を支える根本的な理念として紹介されていた。

ここで、先に引用した3カ条のインクルーシブ教育の理念を、特別支援学級や特別支援学校といった特別な場を設けて、分離した教育をおこなっている日本の現状と照らし合わせて考えてみよう。そこで真っ先に脳裏をよぎったのは、「日本の分離した学校教育の姿は、どのような社会の姿を映し出しているのだろうか」、そして「日本では、学校組織と教育実践に課題があるために、障害のある生徒が社会に十分に包摂されずに、学校では良い教育的な効果が得られていないのではないか」といった問いや疑念だった。講義の冒頭から、さっそく日本の教育が抱えている根源的で深刻な課題に対峙させられたような気持ちになった。

講義で紹介された言葉は、それ自体としては必ずしも目新しいものではないだろう。しかし、こうした考え方が、インクルーシブな学校や社会を支えている基本的にして根本的な理念として、事あるごとに繰り返し確認されることによって、イタリア社会の中でどれほど広く共有され、人びとのうちにどれほど深く浸透しているのか、このことをよく考えてみる必要があるだろう。すでに半世紀にわたってインクルーシブな教育を実践してきているイタリアと日本とのあいだには、容易には埋めることのできない大きな隔たりがあるように感じられ、茫然たる思いにとらわれることしきりだった。

次に取り上げたいのが、講義でもしばしば言及された「Progetto《プロジェット》 di《ディ》 vita《ヴィータ》」という言葉である。この用語は、イタリアのフルインクルーシブ教育を語るときには避けて通れないもので、「人生計画」あるいは「生涯設計」とでも訳せるものである。英語でいえば、「ライフ・プロジェクト」である。

講義の中では、「学校は社会そのものであって、学校という場が生徒の個人的かつ社会的な成長、そして自己決定のための成長を促すことになり、そうした成長が「人生計画」の方向性を決めてゆく手助けとなる。したがって、障害児のために作成される個別教育計画（「個別教育計画」についてはレポート1の注1を参照）は、生涯にわたる計画という観点から検討されなければならない。そして、そのためには、生徒の「現在」の状況を「学校生活、校外活動、余暇、家庭生活」を含めた横断的な視点から捉えること、同時に生徒の「未来」の状況を、大人になるためには何が必要か、生活の質の向上や個人的・社会的な成長、そして自己決定ができるようになるためには何が役立つのか、という視点で考える必要がある」ということが確認されていた。

「現在」から「未来」におよぶ長いスパンのなかで、学校教育が「人生計画」の一部分として捉えられていること、そして、教育の場が学校はもちろん地域社会や家庭生活を含めた広い視野から捉えられていること、ここにはイタリアの教育の特徴を見てとることができる。こうした点は、イタリアが実際に採用している考え方や組織的な取り組みによって裏づけられているのだが、これについては、本書の中で具体的なエピソードを交えながら改めて見ていくことにしよう。

個別の配慮はインクルーシブな学習環境づくりのために

講義で触れられた「障害のある生徒に対する個別の配慮が、クラスメイトからの「分離」を招くものであってはいけない」という指摘も、刮目に値するものだった。講義では、この指摘に続いて、障害のある生徒がクラスから分離されてしまうことの弊害として、「障害のある生徒にとって、教室という社会的次元での学習経験が奪われること」、そして、「クラスメイトにとっては、自分とは異なる機能様式を備えた者との出会いによって、人間的にも学習的にも、より大きな実りを得るための機会が奪われてしまうこと」が挙げられており印象深かった。インクルーシブな教育を前提としているイタリアでは、特別なニーズのある生徒への配慮は、「いかにしてインクルーシブな学習環境をつくりだし、生徒がクラスの中に包摂されるようにするか」という集団的、社会的な包摂におのずと向けられることになる。まさしく、イタリアの支援教師に課せられた任務は、障害のある生徒がクラス集団に参加するための支援を、いかに有効かつ適切におこなえるかということにある。

その一方で、分離した教育を前提とした日本では、特別なニーズのある生徒への支援は、「いかに自分のことは自分でできるようにするか」といった、「個人的な自立や成長」を促すことに偏りがちになる。しかし、日本のこうした方向性での支援や配慮には、社会的な包摂への配慮の希薄さもあいまって、極端にいえば、かえって社会的な分離を推し進めてしまうというパラドックスに陥りかねないリスクも含まれている。たとえ、同じような教育的ニーズをもった生徒への配慮であっても、インクルーシブな環境を前提とした教育と分離した環境を前提とした教育とでは、そこで目指されている支援の方向性が、まったく異なってしまう恐れすらあるのである。このことは、どれほど強調してもしすぎることはないだろう。

さて、最後に紹介したいのは、イタリアの学校において、配慮が必要な生徒への支援という視点から授業が計画される際に、柱となる三つの観点とされる「自律」→「社会化」→「学習」の循環についてである。

講義では、「自律（Autonomia《アウトノミア》）」は、「自立（Indipendenza《インディペンデンツァ》）」とは異なるものであり、「自律」とは、「学習環境（学習内容、学習メソッド、学習戦略など）を適切に調整して、学習プロセスを充実化させることによって、生徒自身が自発的に行動したり、自分で何かを判断したり、あるいは自己決定ができたりするようになること」であると述べられた。また、「社会化」とは、「生徒同士が、集団の中で責任や役割を共有しながら活動することで、社会性を向上させていくこと」であり、自律性や社会性を高めることが、学習力の向上へとつながっていくと解説されていた。

　さらに、教師の教育的な介入が効果的なものであるかどうかは、生徒の「自律の力」、「社会化の力」、「学習の力」という三つの能力が、相互に力を高め合うことによって、いかに上手く循環し、機能しているかにかかっているとされていた。

　ちなみに、インクルーシブな教育を前提としたイタリアでは、配慮を要する生徒の「自律性」や「社会性」についても、多様な個性をもったクラスメイトとの関係性の中で、望ましいかたちで育まれることが肝要だとされていた。

　今回のレポートでは、日本の教育との比較という観点から、支援教師の養成講座の中でとりわけ興味を引かれたことを紹介してきた。養成講座の第2回目の授業は、1

回目の「ペダゴジア・スペチャーレ」の概説的な講義を踏まえて、受講者たちがグループごとに授業計画案を作成し、それを順々に発表するという流れをたどった。その内容については次のレポートで詳細にお伝えすることにしよう。

column

1 ろう者たちのバール「Senza《センツァ》 Nome《ノーメ》」

ボローニャの旧市街の中心には、この町を代表する歴史的な建造物に囲まれたマッジョーレ広場がある。イタリア語の「Maggiore《マッジョーレ》」は「もっとも大きい」を意味する形容詞で、この広場は文字通りボローニャの町でもっとも大きくもっとも重要な広場となっている。

マッジョーレ広場のすぐ北側には、リッツォーリという名の大通りが通っている。広場を出てこの通りを西に300メートルほど行き路地を右手に折れると、ほどなく見えてくるのがエルベ市場である。屋内に設けられたこの市場には、新鮮な野菜を扱う八百屋のほかに、肉屋、魚屋、チーズやハムを売る食材店、食堂などが軒を並べており、この市場はまさにボローニャ市民の台所となっている。

エルベ市場の出入り口の一つを出た裏通りには、たくさんのバール（イタリア式のカフェで酒も扱う）が軒を連ねていて、夕方ともなると野外スペースにある客席は食前酒《アペリティーボ》を楽しむ大勢の人たちで賑わうことになる。そしてこの一郭に店を構えているのが、不思議な店名をもつバール「Senza Nome」である。あえて日本語に訳すなら、バール「名無し」とでもなるだろうか。

「Senza Nome」は、2012年にオープンした、ろう者たちが経営するバールである。バールの創業者で、現在は40代になっているロンギ氏とマラッツォ氏の2人にも聴覚障害がある。そんな2人の創業者に、イタリア共和国マッタレッラ大統領から功労勲章が授与されたのは、2020年12月のことだった。イタリアの最大手の日刊紙『レプッブリカ』が、大きな記事でこの授賞を報じている。記事によれば、授賞理由は「多様性を世に知らしめ、真のインクルージョンと対話の文化を広めることに多大な貢献をした」こととされている。バール「Senza Nome」は、聴覚障害者と健常者との交流の場として機能しており、また「イタリア手話（イタリア語でLIS《リス》）」の普及にも貢献しているということである。ちなみに、フルインクルーシブ教育を実践するイタリアでは、この「イタリア手話」が、学校の授業の中で学ばれることもある。

　ボローニャ滞在中のある日、バール「Senza Nome」の噂を聞きつけて、私自身もこの店を訪れた。イタリア手話をまったく解さない私は、そつなく注文ができるだろうかと初めは不安だった。しかし、「ビールの中サイズを1杯」というよくあるだろう注文は、おそらく唇の動きを読み取ることで容易に伝わったようだった。店内を見回すと、手話やジェスチャーを交えながら対話をする人びとの姿があった。注文カウンターの向かいに目をやると、そこにはイラスト付きの注文用カードが壁一面に掛けられていた。コーヒー、アイスティー、ビールといった具合にメニューご

↑↗壁に掛けられたカードをカウンターに持って行き注文するようになっている

とにカードが用意されていて、このカードをカウンターに持って行けば、誰でも間違いなく注文ができるというわけだった。

聴覚に障害のある人びとが経営するバールがボローニャの町の中心にあり、しかも連日多くの客で賑わいを見せている。そして店内では、聴覚障害のある店員とバールを訪れる客たちのあいだで絶え間なく会話が続けられている。ボローニャという町にまさしく「包摂」された障害のある人びとの生き生きとした姿が、バール「Senza Nome」の存在を通して具現化されているようだった。

Report 3

イタリア式インクルーシブ教育の秘訣

——ボローニャ大学「支援教師」養成講座②——

前のレポートでは、ボローニャ大学で開催されていた丸2日間にわたる「支援教師」養成講座のうち、1日目の様子を紹介した。そこでは、障害を含めた「特別な教育的ニーズのある生徒の支援」という観点から教育実践をおこなうにあたって、基礎となる理念や理論がレクチャーされた。

また、2日目の講座に参加するのに先立って、受講者たちには4～5人程度でグループを組み、学校での実際の活動を想定して活動計画を立て（対象生徒は中学生）、それを発表するという課題が与えられた。活動の内容は、日本の学校に置きかえてみると「特別活動」とでもなるだろうか。

提案された計画は、講座の受講生の大部分がすでに教師としての経験を積んでいることもあってか、教育現場の光景が目に浮かぶような具体的なものが多かった。[*1] おそらく、それらの活動計画の大半が、それぞれの持ち場での実際の経験を踏まえたものだったからだろう。合わせて10グループほどの発表を耳にすることができたが、本稿では、その中から印象深かったものをいくつか紹介することにしよう。

後述のA、B、Cの三つのグループが提案している授業計画についていうと、想定されているそれぞれのクラスには、障害が認定されている生徒が少なくとも1名は在籍しており、支援教師によるサポートが必要な対象となっている。障害が認定された生徒とは、日本の学校制度に沿っていえば、通常学校の支援学級か支援学校に在籍しているような生徒、つまり日本の教育現場でもそれなりの支援を受けながら学校生活を送っている生徒の姿を思い浮かべてもらえればよいだろう。

グループA

グループAが提案した活動計画は「ボローニャへの小旅行」というもので、想定されていたクラスは、「フィレンツェにある中学校の1年生[*2]、男女21名で構成されて

＊1　支援教師の免許を取得するには、大学で小・中・高の各教科の教師（イタリアでは教科担当制が基本だが、小学校では1人の教師が複数の教科を担当することがある）になるための基礎単位を取得したうえ専門コースを履修し、さらに数カ月の現場実習を終える必要がある。

＊2　イタリアの保育園は0歳〜3歳までの3年間、幼稚園は3歳〜6歳までの3年間、小学校は6歳〜11歳までの5年間、中学校は11歳〜14歳までの3年間、高校は14歳〜19歳までの5年間、そのうち6歳〜16歳までの10年間が義務教育期間となっている。
https://www.miur.gov.it/sistema-educativo-di-istruzione-e-formazione

いる。[*3] 協力的で協調性のあるクラスで、意見を述べることにも積極的、学習成果も生徒間で大きな差は見られない」ということだった。

「支援教師」が支援する対象となっている生徒は、「12歳の男子生徒ステファノ、四肢麻痺と水頭症がある。筋力が弱いために可動性が低かったが、電動車いすを使い始めたことで移動の自律性が向上、言語能力が高くクラス活動に積極的に参加していて、友だちとの関わりを楽しんでいるのが長所である」と設定されていた。

ステファノは鉄道旅行が大好きな少年で、いつか鉄道関係の仕事に就きたいという夢をもっている。そこで彼自身の「人生計画《プロジェット・ディ・ヴィータ》」の観点から、クラスメイトと助け合いながら一緒におこなう協同学習として、ボローニャへの遠足を企画したとされていた。

この小旅行に向けた事前学習としては、クラスを三つのグループに分けて、それぞれに課題を与える。たとえば、ステファノが所属するグループには、旅行の「移動」についての計画を分担する。フィレンツェからボローニャまではどの列車で行くのか、ボローニャの町中の移動手段はどうするのか、こうしたことをグループで一緒に考えるのが、ステファノのグループに与えられる課題であるということだった。

グループB

グループBは「エンマのための学校的・社会的インクルージョンのプロジェクト」という活動計画を提案していた。想定されていたのは、「中学校2年生のクラスで、男女23名で構成されている。支援教師がサポートをする生徒エンマのほかに、クラスにはディスレクシア[*4]の生徒と、母語がイタリア語でない生徒が在籍している。全体としてクラスの雰囲気はよく、平均的によい学習成果をあげているが、エンマはク

＊3　イタリアの学校の学級編成は、小学校で最小15名かつ最大26名、中学校で最小18名かつ最大26名、高校で最小27名かつ最大30名、障害児のいる学級の最大定員は原則として20名とされている。2022年のOECDの調査では、イタリアの小学校の一学級の平均人数は18人、中学校は20人となっている。しかし、障害児のいるクラスでも、若干名ではあるが20名を超えるケースも見受けられる。イタリア教育省：学級編成　https://www.miur.gov.it/formazione-classi

＊4　学習障害の一つ。知的な能力や全体的な発達に遅れはないが、文字の読み書きに限定した困難がある。

ラス活動に十分には参加できておらず、彼女の攻撃的な言動を怖がっている生徒もいる」とされていた（ちなみに、イタリアでは障害が認定された生徒に対して加配される支援教師は、状況に応じて校外から派遣される教育士やアシスタントといった専門職と共に、クラス全体のサポートにも当たることになっている。また障害が認定されなくとも教育的なニーズがある生徒に関しては、「個別指導計画（PDP）」が作成され支援策が講じられることになっている。近年ではイタリア語に課題がある移民の子どもたちを「個別指導計画」を作成してサポートするケースが増えている）。

支援の対象となっている生徒は、「12歳の女子生徒エンマ、自閉症スペクトラムと診断を受けている。本人にとって想定しにくい事態が起きたり、長く慣れ親しんでいる教師が不在だったりすると、不安からときおり攻撃的な態度をとることがある。彼女のサポートにあたっては3人の支援教師が交替で週に8時間ずつ支援をおこなっており、また週に6時間は教育士が配置されている」[*5]とされていた。

学校生活ではよくある些細な変化であっても、エンマにとっては見通しがもてず、怒りの原因となり、それが不適切な行動につながってしまうことがある。こうした行動を避けるためには、状況の変化を予想しやすくすること、彼女に何かを依頼する際は適切な方法でおこなうこと、わかりやすく具体的なメッセージを伝えることが必要である。そこで、クラスメイトの誰もが、「次に何が始まり、どこで、誰と、どのような活動をするのか」が理解できるように、みんなで協力して、「目で見てわかる時間割表」を作成することとした。なお、時間割表づくりは小グループに分かれておこなうが、絵を描くことが大好きなエンマは、教師や教育士の似顔絵描きを担当するとされていた。

この協同学習では、クラスメイト全体に共通する目標として、「表現力」と「コミュニケーション力」の向上が目論まれていた。その一方で、エンマに関しては、彼女自身の個別教育計画に記載されている内容と「人生計画」の観点から、グラフィックなどのパソコンの機能を活用する技術を向上させること、さらに所属グループの生徒た

＊5　障害が認定された生徒の支援にあたっては、障害の状況に応じてGLOと呼ばれる専門家チーム（各教科の教師、支援教師、医師、教育士、自律とコミュニケーションのアシスタント、各セラピストなどからなる）が組織され、チームで個別教育計画が作成される。専門職の配置については、個別教育計画内の時間割の欄に記載される。

ちのサポートを得ながら、社会性を向上させ不測の事態に対応する力を伸ばすことが、目標として考えられていた。

グループC

グループCは「人生の演劇」という活動計画を提案した。ここで想定されていたクラスは、「中学校の2年生、男女23名で構成されている。クラスには障害が認定されていて、支援教師のサポートの対象となっている生徒がいる。さらに学習障害のある生徒が2名、イタリアにやってきたばかりでイタリア語の話せない生徒が1名在籍している。クラスの雰囲気は良好で、活動には落ち着いて取り組んでいて協力的である。しかし支援の対象となっている生徒が挑発的な行動をとることがあり、そのときはクラスが不穏でピリピリした雰囲気になることがある」とされていた。

支援の対象となっている生徒は、「13歳の男子生徒P、家族はコソボの出身でイタリアには6年前に移住してきた。情緒面・行動面に課題のある軽度知的障害がある生徒と診断されている。人間関係づくりに課題があり、クラスメイトを挑発したり、不適切な振る舞いをしたりすることがある。率先的に行動ができ、コミュニケーション能力の高いところが長所。個別教育計画には、学習目標として、読み書き、数学的な計算能力の向上が掲げられている」とされていた。

クラスでおこなう協同学習として企画されたのは、年度末にある演劇公演のオーガナイズである。クラスはいくつかのグループに分かれて、「舞台美術に使用する材料の調達」、「舞台衣装のための生地や端切れの調達」、「芝居用の音源の準備」、「芝居の宣伝とチケットの販売」といった活動をそれぞれ担当するとされた。

支援対象の生徒Pのいるグループは、芝居の宣伝とチケットの販売を担当する。生徒Pは、チケットの販売に携わることで、個別教育計画の学習目標にも掲げられている計算能力の向上を図ること、さらにクラスメイトと協力して活動することにより、適切な人間関係を築き、感情をコントロールする力を身につけることなどが目標として設定されていた。

まず各グループの授業計画に共通していえるのは、すべての計画が「障害のある生徒を含めて、生徒同士がお互いに教え合い、学び合いながら進めていく協同学習」として企画されていることである。さらに、実際の活動はクラスの小集団で進められ、それぞれの集団の活動成果を総合することで、最終的にクラス全体の活動が実現され達成されるという構造になっているということも、すべての計画に共通するものである。

注目すべきなのは、各々のグループの中で支援の対象の生徒が抱えている「困難」や「問題」が、クラス全体の活動の中に明確に位置づけられていることである。こうすることで、支援対象の生徒の課題は、クラスメイトの目にも見えやすくなり、クラス全体に共有されることになり、さらには、この課題にどう対応し、解決し、乗り越えていくのかを、一緒に考える機会が生みだされていくことにもつながっていく。

たとえばグループAであれば、「電動車いすを活用するステファノの移動の不自由さ」、グループBであれば、「見通しのもてなさに由来するエンマの不安」、グループでCあれば、「生徒Pの人間関係づくりの不得意さ」といった事態に対する課題は、クラス全体の協同学習を通じて改善されていくように道筋が立てられている。クラスの雰囲気や環境やルールに障害のある生徒を適合させていくのではなく、彼らの特性をクラスの側で受け入れて共有し、一緒に共存のための対処法を考え、解決策を講じるという方法がとられているのである。そして、この活動をいかにサポートするかが、まさに支援教師の腕の見せどころとなっている。そこには、クラス全体の状況に絶えず修正を加えながら多様性を包摂していくという、真にイタリア的なインクルーシブな学習環境づくりの秘訣を見る思いがする。

さらに授業の計画にあたっては、支援の対象となる生徒の「人生計画」に配慮していること（グループAのステファノは、将来、鉄道関係の仕事に就くことを希望している）、生徒の得意分野をいかせる活動を設けていること（グループBのエンマが、絵を描くのが得意なことをいかして、教師たちの似顔絵描きの担当になっている）、そして、苦手分野の改善のための機会が用意されていること（グループCのPが計算能力を磨くために、チケット販売の担当になっている）なども注目すべき具体策といえるだろう。どの授業計画からも、支援対象となっている生徒たちが、クラスの協同学習により積極的に参加し、さらにその参加を意義あるものにするための工夫がなされていることが見てとれる。

そして、クラス全体で協同学習をおこなうにあたっては、「自律」、「社会性」、「学習」といった観点から（「協同学習」についてはレポート3を参照）学習目標が設定されるが、それと同時に、支援対象となっている生徒に対しては、個別に目標やねらいが定められていることも見逃してはならないポイントだといえるだろう。

最後に、それぞれのグループが提案した各授業計画からも窺い知ることのできるイタリアの教育現場の現状と課題についても概観しておこう。一つには、イタリアの学校のクラスには、障害が認定された生徒のほかにも、学習障害のある生徒をはじめとした特別な教育的ニーズをもった様々な生徒が在籍するようになっていることが挙げられる。以前イタリアでは、こうした生徒たちへの対処が課題だったが、近年では、彼らに対しては「個別指導計画（PDP）」という文書を作成し、多様な専門職とも連携しながら、より緻密な支援をおこなっていく体制へと変化してきている。

もう一つ挙げられるのは、イタリア語を母語としない生徒への対応という新たな課題である。移民などの増加によって、現実的な問題として言語的な困難さを抱えた子どもたちが増えていることで、イタリアのフルインクルーシブ教育は国際化し、より多様化・複雑化している文化的、宗教的、社会的な諸問題への対応をも余儀なくされている。ヨーロッパ諸国には共通する課題といえるだろうが、国際化の波は教育という分野にも差し迫った問題を提起しているといえる。

Report 4

地域に開かれた学校

——ローマの子どもたちの夏 サマーセンター——

一般的にイタリアの小学校、中学校、高校が夏休みに入るのは6月上旬のことである。ヨーロッパの国々の多くがそうであるように、新年度の始まりは9月だから、休みの期間はおよそ3カ月にもなる。イタリアの学校の夏休みは長い。

イタリアの子どもたち、とりわけサポートや見守りが必要になる障害のある子どもたちは、この長い夏休みをどのように過ごしているのだろうか。実際に子どもたちと触れ合いながら彼らの様子を観察してみようと、ローマ在住のご夫妻の厚意に甘えて「永遠の都」を訪れたのは6月半ばのことだった。思い返せば10年振りのローマだった。この街の玄関口であるテルミニ駅に降り立ってみると、夏はまだ始まったばかりだというのに、燦燦と降り注ぐ強い日差しが目を射るように眩しかった。

社会的協同組合が運営するサマーセンター

イタリアの学校が休業の期間、障害のある子どもたちにとって代表的な過ごしの場となるのが、障害の有無にかかわらず誰もが一緒に参加できる「Centro《チェントロ》 estivo《エスティーボ》」である。直訳すれば「サマーセンター」となるだろうか。夏休みに学校の代わりとなる場という意味では「サマースクール」と訳してもよいかもしれない。

サマーセンターは、イタリアのいたるところで開催されている。夏にイタリアの町を歩きまわってみれば、あちこちの学校や教会や施設にサマーセンターの張り紙があるのを目にするだろう。そうした各々のセンターが、独自に遊び、スポーツ、レクリエーション、音楽、アートなど様々なアクティビティを用意して、子どもたちがやってくるのに備えている。

学校がない期間、子育てをしている家族にとって、そしてとりわけ障害のある子どものいる家庭にとって、サマーセンターは不可欠な存在となっている。夏休みのあいだ、保護者が日常生活と仕事を両立させるのをサポートする場として、重要な役目を担っているからである。ちなみに家族が負担することになる参加費用は、1週間で1万円～1万5千円程度（昼食込み）である。

サマーセンターはじつに様々な団体によって運営されているが、その中の代表的な機関が社会的協同組合（Cooperativa《コーペラティーバ》 sociale《ソチャーレ》）である。現代のイタリア社会では、「障害者の支援」そして「障害者の労働の場の創出」といった点において、社会的協同組合が果たしている役割はきわめて大きい。社会的協同組合が、協同組合の新たなカテゴリーの一つとして法制化されたのは、1991年の法律第381号「社会的協同組合法」によってである。同法の第1条に「社会的協同組合は、人間としての発達と市民の社会的統合において、地域社会の普遍的な利益を追求することを目的とする」と明記されているように、公益性を追求する協同組合としての特徴が明確に示されている。

社会的協同組合は大きく分けて2種類あり、A型は「社会福祉、保健、教育サービスを提供する組合」、B型は「社会的に不利な立場にある人たちを労働の場に組み入れるための組合」となっている。B型の社会的協同組合では、従業員の少なくとも30パーセントは、障害者、移民などを含めた失業者、薬物依存症者といった社会的に不利な立場にある人たちを雇用することが義務づけられている。

この度、3日間にわたって参加させてもらったサマーセンターも「La《ラ》 ciliegia《チリエジャ》」と「AISS《アイス》」という二つの社会的協同組合によって企画・運営されていた。「AISS」は1993年に創立されたA型の社会的協同組合である。主な業務は「障害者支援」、「老人支援」、「マイノリティ支援」、「家族支援」の四つに大別できるが、このうちの「障害者支援」の中にサマーセンターの運営が含まれている。専門職に当たるOEPAC《オエパック》

と呼ばれる支援員をいわば「加配」として派遣して、サマーセンターに参加する障害のある子どもたちを支援するのが、「AISS」が担う業務である。OEPACというのはローマがあるラツィオ州独自の呼称のようで、他の地方でいえば主として食事、排泄、移動といった日常生活動作（ADL）の支援をおこなう「自律とコミュニケーション・アシスタント」に相当する職務と考えておけばよいだろう。

私が訪れたサマーセンターは、ヴァチカン市国のあるテヴェレ川右岸にある公立小学校ピステッリの敷地を借りて開催されていた。初日の朝、8時半過ぎに入り口付近に行ってみると、保護者たちに付き添われて子どもたちが続々と集まってきていた。サマーセンターの案内を見てみると、開催時間は朝8時半〜夕方の16時半まで、参加対象は3歳〜14歳（幼稚園、小学校、中学校段階に相当）の子どもたちとなっていた。

基本的にはサマーセンターは居住地の近隣の場所に申し込むことが多いのだろう。参加者の大半が、普段からピステッリ小学校（あるいは同じ学校群〔詳しくはレポート6を参照〕「クラウディオ・アッバード」の幼稚園や中学校）に通っているようで、子どもたちは受付を済ますと、慣れた様子で校舎内に入っていった。

私自身も担当者に付き添われて校内の階段をあがり、3階の教室に手荷物をおろした。しばらく教室に貼り出された時間割表や係の分担表、あるいは廊下に貼り出された掲示物を眺めていたのだが、周囲に人びとの姿が見えなくなったことに気づき、慌てて子どもたちの騒がしい声が聞こえてくる中庭へと飛び出した。

中庭の真ん中にはバスケットコートが設けられていた。そのコートを使って、中学生と思しき子どもたちが、2チームに分かれてサッカーに夢中になっていた。そのまわりでは小さなグループに分かれてサッカーボールで遊ぶ子どもたち、追いかけっこをする子どもたち、コートの向こう側を見渡すとリンボーダンスのような格好で長縄の下を潜り抜ける遊びをしている子どもたちの姿が目に入った。

サマーセンターに参加しているあいだ、私は社会的協同組合「AISS」から派遣されていたOEPACの方々と一緒に、障害のある子どもたちに付き添っていた。自閉症と思われる子、重度の障害があり車いすで生活している子、落ち着きなく走りまわっている子、それぞれが中庭の思い思いの場所で過ごしていた。健常の子たちと一緒に長縄潜りをしている子もいれば、付き添っている支援員とサッカーをしている子どももいた。

障害の有無にかかわらずみんな一緒に参加する

1時間ほど遊んだところでおやつの時間となった。教室では、それぞれが家庭から持参したビスケット、フルーツ、サンドイッチなどを頬張っていた。障害のある子どもたちにとって、この時間はおやつの時間であると同時に、水分補給をしたりトイレを済ませたりする時間だった。

その後、子どもたちは、絵を描くなどして過ごしていたが、しばらくすると彼らの多くはふたたび中庭に出ていった。障害のある子どもたちは活動の場を体育館に移すことになった。中庭はあまりにも暑いだろうという判断からだった。中庭の活動であれ、教室の活動であれ、障害の有無を問わず誰もが一緒に過ごすことが前提になっているが、健康管理という観点から、障害のある子どもたちの活動内容や活動の場については、臨機応変に対応しているように見受けられた。

12時をまわると昼食の準備が始まった。初日のメニューは、プリモがトマトソースのパスタ、セコンドがチーズ、豆の付け合わせ、それにパンがついていた。[*1] 配慮が必要な子どもたちには、個々の名前が記されたアルミ容器で食事が配られていて、食材が細かく刻まれていたりペースト状になっていたりした。実際に食事が始まると、OEPACの人たちがスプーンで一口ずつ食べ物を口に運ぶなどの支援をおこなっていた。

昼食後の午後の時間は、全般的にリラックスの時間だった。障害のある子どもたちは、適宜水分補給をしたりトイレに行ったり、あるいは着替えをしたりという時間をはさみながら、教室で絵を描いたり、体育館で軽い運動をしたり、しばし横になって休憩をしたりして過ごしていた。サマースクールの期間が後半になり、校舎内をもっと自由に使えるようになったら、中庭を使ってみんなで水遊びをしたり、教室でアート活動をしたりすることも予定しているということだった。

地域に開かれた学校

さて、以下ではローマのサマーセンターで観察できたこと、そして理解を深められたことを紹介していくことにしよう。この現地レポートで繰り返し述べているように、イタリアは誰もが同じ教室で一緒に学ぶフルインクルーシブの教育を実践している国である。サマーセンターは、学校教育制度の外側にある地域社会での活動になるわけだが、ここでも健常児と障害児を区別することなく、フルインクルージョンの原則に基づいて活動が実施されていた。

サマーセンターで障害のある子どもたちをサポートしていたのは、社会的協同組合「AISS」から派遣されたOEPACと呼ばれる支援員たちである。観察したかぎりでは、障害児3人に対して2人ほどの割合で手厚く配置がなされており、主として

＊1　プリモはイタリアのコース料理の1皿目で、パスタやスープ。セコンドは2皿目で肉、魚などのメインディッシュ。

それ以外の健常の子どもたちの面倒を見ていたのが、もう一つの社会的協同組合「La ciliegia」から派遣された支援者たちだった。

このサマーセンターには、イタリアに残されている数少ない特別学校の一つヴァッカーリ特別小学校[*2]の子どもたちも数多く参加していた。普段彼らが通っているのは障害児のための学校だが、地域社会の活動では、今回のサマーセンターのように、インクルーシブな環境で健常の子どもたちと一緒に過ごす機会も用意されている。

この度サマーセンターに参加してより理解が深まったのは、OEPACの活動のあり様とその意義に関することである。先に述べたように、A型の社会的協同組合「AISS」が担っている業務の一つに「障害者支援」や「家庭生活の支援」があるわけだが、そこには「サマーセンターの運営」と並んで「学校教育の支援」も含まれている。つまり、「AISS」に所属するOEPACは、学校がある期間には教室で障害のある子どもたちの支援に携わり、学校が休業となる夏の期間にはサマーセンターで活動し、場合によっては家庭生活の支援にもまわるという役割を担っているのである。

実際にOEPACの人たちに尋ねてみると、その多くが、学校のある期間にはピステッツリ小学校やヴァッカーリ特別小学校といった教育現場に派遣されているという。

障害のある子どもたちについては、学校での様子も地域社会での様子もあわせて熟知しているというOEPACの人たちが数多く見受けられた。

日本の学校と比べると、イタリアの学校は格段に地域社会に開かれている。イタリアでは地域社会にある社会的協同組合のような組織や地域保健機構[*3]のような専門機関が、そこに所属する専門家たちを各学校の教育現場に派遣して、学際的な専門家チームを結成させ、それによって学校の教育活動を支える実践をおこなっている。あるいは、教育的な措置の一環として、障害のある子どもたちが地域社会の中に自ら足を運び、リハビリを受けたり、様々なセラピーを活用したりすることも可能になっている。

＊2 イタリアでは、障害をもつ子どもたちの99パーセント以上が地域の通常の学校で学んでおり、残りのわずか1パーセントに満たない割合の子どもたちが特別学校で学んでいる。そのうちの一つがローマにあるヴァッカーリ特別小学校である。ヴァッカーリ特別小学校は、サマーセンターが開催されていたピステッリ小学校と同じ学校群「クラウディオ・アッバード」に属している。

＊3 地域保健機構（ASL：アウズルまたはASL：アズル）は全国の各地域に設置され（人口約5万〜10万人に対して1カ所）、すべての住民に保健サービスを提供する機関である。病院、保健所、リハビリセンターなどを統合したような総合的な機関と考えておけばよいだろう。学校が連携する地域の専門機関の中でももっとも重要な機関であり、障害児に対しては学校教育期間を含めて生涯にわたって総合的な支援をおこなう。

もとより、こうした社会をあげた組織的な支援は、障害のある子どもたち一人ひとりに対して作成される個別教育計画の中に位置づけられている。

サマースクールに参加して得られた何よりの収穫は、ＯＥＰＡＣと呼ばれる支援員の活動を通じて、学校社会と地域社会とのつながり、あるいは「学校の生活」、「地域の生活」、「家庭の生活」のあいだに貫かれている支援活動の連続性や連関性を確認できたことである。地域の学校が、夏休みの期間にはサマーセンターが開設される会場となり、両者が校外の社会的協同組合から派遣されるＯＥＰＡＣの教育・支援活動によって支えられるという社会の循環構造そのものが、その格好の一例となっている。

障害のある子どもたちに対して真に効果的なサポートをおこなうには、支援の舞台を学校教育の現場に限定してしまうのではなく、地域の生活や家庭の生活を含めた広範で多角的な視野から対象となる子どもの実態を捉えて、具体的な支援活動を展開していく必要がある。それに比べて、学校と校外にある専門機関との連携が不十分であり、なおかつ学校社会と地域社会との連続性や循環性が希薄な日本の状況に対しては、イタリアのフルインクルージョンの理念に基づいた教育制度とその地域社会での取り組みは、大いなる啓発と受け止めるべきだろう。

Report 5

これはボランティアじゃないんだ

――ローマの障害のある人びとの夏 サマーキャンプ――

イタリアの障害のある子どもたちは、3カ月にもおよぶ夏休みをどのように過ごしているのだろうか。こうした関心に突き動かされて、その様子を観察してみようと「サマーセンター」が開催されていたローマの小学校を訪れたのは、すでに汗ばむほどの陽気だった6月半ばのことだった（「サマーセンター」についてはレポート4を参照）。それから2カ月が過ぎた8月、今度は「サマーキャンプ」（イタリア語でCampo《カンポ》 estivo《エスティーボ》）に参加するためにローマを再訪した。

小学校を開放して、子どもたちのために開かれていた「サマーセンター」とは違って、この「サマーキャンプ」は、1日5千円〜6千円程度の費用（食事付き）さえ支払えば、子どもでも大人でも、そして障害の有無にもかかわらず誰もが参加することができた。1週間にわたって開催されたこの夏のイベントは、泊まりがけの行事でもあることからサマーキャンプと呼ばれていた。

8月5日（土）の昼前にローマの中心部を出発し、いつもお世話になっているローマ在住のご家族と一緒に向かったのは、車で1時間半ほどのヴィテルボという町の郊外で、アグリツーリズモが体験できる場所だった。アグリツーリズモとは、イタリア語で「農業」と「観光」を意味する二つの言葉が合わさった造語で、農家体験や自然体験をしたり、あるいは土地の食材を楽しんだりすることをいい、イタリアで大いに人気を博している。

サマーキャンプの開催地となっていたそのアグリツーリズモの地は、「ビコカ」の名で呼ばれていた。そこは、緑豊かで美しい丘陵地の中にあって、敷地内にはスポーツができるコートやプールが用意され、周囲には広大な畑が広がっていて収穫をひかえた様々な野菜や果物が豊かに実っていた。

「ビコカ」に到着し、車いっぱいに詰め込んできた荷物を降ろし終え、しばらくサッカーに興じていると、ローマ近郊からやってくる人びとが続々と到着し始めた。彼らの多くにとって、このキャンプは夏の恒例行事となっているようだった。1台の車が到着するたびに、久しぶりの再会を互いに喜び合ったり、近況を報告し合ったりする姿があちこちで見られた。

このサマーキャンプを運営しているのは、「Fede《フェーデ》 e《エ》 Luce《ルーチェ》」(「信仰と光」の意味)という名のアソシエーションだった。[*1] その名称からも明らかなように、キリスト教の精神に根ざした組織であり、実際にローマ・カトリック司教協議会[*2]のお墨つきも得ていた。

アソシエーションとは、「共通の目的や関心をもつ人びとが、自発的につくる組織」

のことで、とりわけイタリアの障害者をめぐる歴史あるいは障害児教育をめぐる歴史をひも解いてみると、障害者に対する支援の運動と障害当事者とその家族たち自身が牽引してきた運動において、こうした組織が果たしてきた役割がきわめて大きいことが容易に理解できる。

「Fede e Luce」は、もともとは1971年にフランスのルルドで組織された巡礼の旅に端を発するアソシエーションで、1975年にはイタリア支部が発足している。それ以降、半世紀にわたって障害当事者とその家族を孤立させることなく、社会の中での彼らの居場所を見つけだせるように出会いの場を提供し続けてきた。いまや世界81カ国に1648ものコミュニティがあり、イタリア国内だけでも60カ所もの支部があるという。今回のサマーキャンプの初日に集まったのは20名あまりだったが、彼らは障害児のいる数組の家族と個人で参加していた様々な年代の障害者たち、そしてアソシエーションの活動に参画している人びとで構成されていた。

夕方になり初日の参加者が一通り到着し終えると、いよいよ夕飯の支度が始まった。室内ではアグリツーリズモの管理者とアソシエーションの活動への参画者が中心になって食材の調理に当たり、屋外の食事場所では障害のある人びとを交えてテーブルクロスを敷いたり食器を並べたりといったテーブルセッティングがおこなわれていた。夕飯の準備という共通の目標に向けて、それぞれが自分自身のできる範囲でお互いに自然に関わっている様子がなんとも微笑ましく感じられた。

以下、私が3泊4日を過ごしたサマーキャンプの2日目と3日目の主なスケジュールである。

◉8月6日（日）の様子
8時〜9時半　起床、朝食準備、食事
11時〜　車でヴィテルボの町にある教会のミサへ（希望者のみ）

＊1　ホームページによると、「Fede e Luce」の各支部は、障害当事者とその家族や友人たちを招いて少なくとも月に1度は集会を開いている。https://www.fedeeluce.it/
＊2　ローマ教皇を首長とするローマ・カトリック教会において、司教たちで構成される最高意思決定機関のこと。

13時〜　昼食準備、食事
15時〜17時　休憩、自由時間
18時〜　近隣を散策、畑で野菜の収穫
19時〜　夕食準備、食事
21時半〜　円形ミーティング

◉8月7日（月）の様子
8時〜9時半　起床、朝食準備、食事
10時〜　円形ミーティング
11時〜　収穫した野菜の下処理
12時〜　昼食準備、食事
15時〜　ヴィテルボの街にある有名な温泉プールへ
18時〜　円形ミーティング
19時半〜　夕食準備、食事

ヴィテルボの教会で参加したミサも、「ビコカ」のまわりに広がる畑での野菜の収穫も、それから日々の食事の準備も、どれも忘れ難い記憶となって残っている。とはいえ、私の滞在中に限っていえば、もっとも熱が入ったイベントは円形ミーティングだった。このミーティングは毎年スケジュールの中に組み込まれているようだが、今年は日本人ゲストが参加していることもあって、取り上げられたテーマは「日本のおとぎ話」だった。

円形になってミーティングをする様子

参加者のイタリア人の一人で、日本の文化にも造詣が深いFさんによって、日本で有名な昔話として、2日目には「桃太郎」が、3日目には「かぐや姫」が紹介された。自分の部屋で自分なりの時間を過ごしていた数名を除く、20名ほどの参加者が車座になって、「日本の昔話が教える教訓とはなんだろう」、「西洋のおとぎ話との共通点は何か」、「日本の昔話の教訓をキリスト教的に解釈したらどうなるか」といった話題で、えんえんと会話が続けられた。障害のある当事者もその家族も、そしてアソシエーションの運動への参画者も、それぞれが自由に自分なりの感想や意見を述べ合っていた。3日目には、「かぐや姫」が月に帰っていったことの意味をめぐってグループで話し合い、その解釈をそれぞれの表現で発表するという機会も設けられていた。

　サマーキャンプの滞在時間の中で、折に触れて障害のある当事者やその家族がどのように日常生活を送っているのかを聞く機会に恵まれた。イタリアでも障害のある人びとが仕事を通じて社会参加をするのは容易ではないこと、なかなか仕事に就くことができず日中をデイケアセンター（イタリア語でCentro《チェントロ》 diurno《ディウルノ》）で過ごしている障害者も多いこと、そしてこの1週間のサマーキャンプへの参加が、彼らにとって唯一のバカンスになっているケースも少なくないことを知った。サマーキャンプを通じて、みんなで活動を共にして対話を重ねること、それが障害のある参加者たちにとって社会とのつながりを保つための貴重な手段の一つになっていることも了解できた。

　さて、私は次の仕事に備えてサマーキャンプの滞在を一足先に終えて、自宅のあるボローニャへと戻った。それからしばらく経ったある日、サマーキャンプの参加者を介して「Fede e Luce」のサイトのリンクが送られてきた。それを開いてみると、残りの滞在中に参加者たちが湖畔散策、乗馬体験、ピッツァづくり、敷地内のプールでの遊泳、バーベキューなど盛りだくさんの行事を満喫したことが報告されていた。そこには紺碧の空と青々とした緑溢れる自然の中で、嬉々としてバカンスを満喫する人びとの姿が写しだされていた。そして、サイトの冒頭ページには、虹色を背景にして、中心に「光」の漢字一文字が印刷されたTシャツに身を包んだ参加者たちの写真が掲載されていた。「Fede e Luce」というアソシエーションの名から「Luce」の一語をとり、それを日本語で「光」と訳しプリントしたものだった。

最後に、サマーキャンプが終わってから数カ月が過ぎた今でも、頭を離れることなく忘れられずにいる対話を紹介して今回のレポートを締めくくることにしたい。それは、参加者一行でヴィテルボにある温泉プールを訪れた際のある人物とのやりとりのことである。私たちは数時間にもわたって温泉プールに身を浸してはプールサイドに上がるということを繰り返しながら、他愛もない会話を続けていた。そうした打ち解けた雰囲気の中で、たまたま隣に腰を下ろしていたサマーキャンプのまとめ役であるSさんに、私は何気なくこう切り出した。

「このボランティアはいつからやってるんですか」

するとSさんはこう返答したのだった。

「たとえば、あそこにいるM（障害者）とは、もうかれこれ20年以上の付き合いになるんだ。これはボランティアじゃなくて人間同士の付き合いなんだ。俺は彼を支えてるかもしれないけれど、俺も彼に支えられているんだ」

この思いがけない答えに、私は自分自身のあまりに浅はかな問いに恥じ入るとともに、自分自身が無意識につくり上げていた健常者／障害者という「垣根」の存在に改めて気づかされ愕然とした。サマーキャンプにやってきた自分自身を、私はなんの疑いもなくボランティアとして自己規定していたのだった。

日本の分離したままの教育のあり方を批判的に勉強し直すために、私は1年間休職して、日本社会を離れてイタリアのボローニャまでやってきた。にもかかわらず、健常者／障害者あるいは支援者／被支援者という牢固とした既成の「垣根」を他ならぬ自分自身が無意識のうちに受け入れて、強く内面化したままでいた。そしてそこから発せられた問いが、まさしく「ボランティアはいつからやってるんですか」という質問そのものだったのだ。障害児を健常児から分離した教育、そしてその果てにある分離した社会という制度そのものに、自分自身が相も変わらず閉じ込められていることに気づかされた瞬間だった。

健常者と障害者が分離した社会では、健常者と障害者の関係性はいつまでたっても支援者／被支援者のままであるだろう。分離した社会は、健常者と障害者のあいだに人間同士の当たり前の関係性が育まれることを妨げている元凶だともいえる。Sさんの口から発せられた「これはボランティアじゃないんだ」という返答の深い意味を私は今も考え続けている。

column 2 星空映画と車いすユーザー

　イタリアの教育や障害者に関わる研究をしていると、しばしば出くわす言葉がある。「自律（イタリア語でAutonomia《アウトノミア》）」という言葉である。「自立」ではなく「自律」である。イタリア語でいう「自律」した状態とは、「自分の意志に基づいて行動できる」ことを指す。そこには「自分で決定できる、自分で選択できる」といった意味合いが含まれている。「自律」なくして人は「自立」することはできない、言い換えれば、「自律」を積み重ねた先に初めて「自立」があるというのがイタリアの考え方である。イタリアの教育の世界では、障害のある子どもにとってもっとも大切なことの一つとして、この「自律」があるとされる。「自律」が大切なのは、障害者にとっても健常者にとっても変わりはないのだ。

　ボローニャの夏の風物詩は、町一番の広場であるマッジョーレ広場で6月〜8月にかけて開催される無料の星空映画である。広場には巨大なスクリーンが設置され、広場の中央部分には数百ものパイプ椅子が敷き詰めて並べられる。人気のある映画の上映日と週末が重なると、広場に面したサン・ペトローニオ聖堂の正面階段や地面にまで座り込んで映画を楽しむ人が溢れ、４千人とも5千人ともいわれる人で広場が埋め尽くされる。

星空映画のイベントは21時頃に始まる。実際に映画が始まるまでには、主催者や監督などによる映画の紹介があったりするので、上映が終わる頃には日付が変わっていることもある。スクリーンの明かりで広場全体が照らし出される様そのものが、暗闇に光を当てることで成り立つ映画のようで、なんとも美しい光景が広がる。

私自身も夜ごとこの星空映画に通っていたが、そこで印象深く眺められたのが車いすユーザーたちの姿だった。私と同じように彼らもまた、ときには友人たちと、ときには一人でこの星空映画に通ってきていた。イタリアの車いすユーザーには、電動の車いすを使用している人びとが多い。電動の車いすさえあれば、誰に気兼ねすることなく、好きなときに好きな人と、好きな場所に出かけていくことができる。映画の終わりが0時を過ぎたときにも、ほかの観客たちに交じって帰路に就く車いすユーザーたちの姿があった。そして、星空映画のときに限らず、ボローニャの街角では、そここで車いすユーザーを見かけたものだ。

半世紀も前から、誰もが同じ教室で一緒に学ぶフルインクルーシブの教育を実践してきたイタリア。そして現在では、たとえ障害があっても「自分の意志に基づいて行動できる」という「自律」が大切だと教えられている。ボローニャの町のまさに中心にあるマッジョーレ広場で、健常者も車いすユーザーも誰もが一緒になって星空映画を楽しんでいる夕べ。広場を照らし出す光の中で私が目にしていた情景は、イタリアのフルインクルーシブ教育がもたらした成果の一大シンボルのように思われた。

町一番の広場で映画を観る車いすユーザーの姿

Report 6

インクルーシブな教育を継続させる「学校群」制度

——ローマ、ボローニャ、サルデーニャ島の視察旅行——

まだ半袖でいられるほどの陽気だった10月24日（火）の早朝、深紅の車両の特急イタロに乗り込み、住まいのあるボローニャの中央駅を発ちローマに向かった。イタリア滞在を開始した4月から数えると3度目のローマだった。古代ローマ帝国の遺跡が街中に溢れ、世界に名を馳せる無数の教会や美術館を擁する「永遠の都」ローマ。この類まれな都市を訪れる機会が幾度かあったのに、これまでの滞在では観光に費やせる自由な時間はいささかも捻出できないでいた。だから今回は早朝7時台の列車でボローニャを出発して、どうにか半日ほどローマ散策の時間を確保したのだった。

列車がローマの終着駅テルミニに到着するや、駅前に停車していた目当てのバスを素早く見つけ、ナヴォーナ広場に急いだ。そこで、ロンドンからやってきた友人親子と落ち合い、アルミ皿でパスタを供する昔ながらの食堂で昼食をとった。食後には10数年ぶりにサン・ルイジ・デイ・フランチェージ教会を訪れ、バロックの画家カラヴァッジョの『聖マタイ』の連作を暗闇の中で息をのむ思いで眺めてから、古代遺跡フォロ・ロマーノやコロッセオ周辺にまで足を延ばした。ところが、そこで想定外の激しい雷雨に見舞われ、地下鉄コロッセオ駅の軒下でしばし雨宿りを余儀なくされたために、モンテ・マリオの丘にある修道院が営むホテルにたどり着いた頃には、ずいぶん遅くなっていた。

宿に着くと、日本からイタリア視察にやってきた大内進氏がすでに到着していた。鉄道駅テルミニを経由せずにローマのフィウミチーノ空港から直接タクシーでやってきたから、当初の予定よりだいぶ早く到着できたとのことだった。大内氏は、昨年の10月に上梓した拙訳書『イタリアのフルインクルーシブ教育―障害児の学校を無くした教育の歴史・課題・理念―』(明石書店)の監修者で、これまで約20年間イタリアの各地で障害児をめぐる教育の調査を続けている先学である。そのうちのいくつかの視察には私も同行したことがあった。今回はこのローマの地が、私と大内氏との1週間にわたる視察旅行の始まりだった。

ローマとボローニャの視察

10月24日(火)~26日(木)のローマ視察の中で、最初に訪問したのが「ピステッリ」小学校だった。本書のレポート4で報告したように、夏休みの期間には学校の敷地を開放して「サマーセンター」を開催していた小学校である。授業を参観した小学校4

年生のクラスは21名で構成されていて、その中には障害が認定されている生徒が2名含まれていた。このクラスの授業に携わっていたのは、教科の教師、支援教師（「支援教師」についてはレポート1〜3を参照）、OEPAC（「OEPAC」についてはレポート4を参照）の3名だった。

続いて訪れたのが、イタリアに残された数少ない「特別学校」のうちの一つヴァッカーリ特別小学校だった。イタリアの特別学校は、その大部分が小規模であるとされているが、ヴァッカーリも例外ではなく、クラスは小学校の全5学年で5クラス、1クラスは6名で構成されていた。重症心身障害の子どもたちがほとんどで、各クラスには支援教師2名とOEPACが2〜3名配置されていた。非常に手厚い教育・支援体制がとられていた。

ローマ滞在中には、イタリアでも有数の古代彫刻のコレクションを誇り、世界最古の美術館の一つともいわれるカピトリーニ美術館も踏査の対象になっていた。大内氏が視覚障害教育を専門としているため、視覚に障害のある人びとにとってのアクセシビリティの観点から調査をおこなうことになっていたのだった。同美術館では、カラヴァッジョとルーベンスという美術史上に名を刻む画家の作品4点と、それに加えて彫刻作品2点の手前に、絵柄や造形に応じて凹凸をつけた浮き彫り状の作品の複製が設置されており、それを手で触ることで美術鑑賞ができるよう視覚障害者に配慮がされていた。美術館の職員に尋ねて驚いたのは、準備されている手袋をすれば、（おそらく職員の付き添いのもと）すべての彫刻作品に触れられるようになっていたことだ。大内氏の以前の調査によれば、同じくローマの著名な美術館であるボルゲーゼ美術館でも同様の対応がされているとのことだった。

10月26日（木）～29日（日）まで大内氏がボローニャに滞在していた期間には、イタリア全国盲人連盟などの主催による「トッカ・ア・テ（イタリア語でTOCCA A TE）」[*1]という催しがあった。そのメインイベントが、視覚に障害がある人たちも手で触って楽しむことができる「手で触る絵本」のコンテストだった。4日間にわたって開催されたこの一大イベントの会期中には、「手で触る絵本」の作製や視覚障害者の教育に関わる数々の講演会やワークショップが用意されていた。

＊1　「手で触る絵本」のコンテストの様子や受賞作品が掲載されている。
https://libritattili.prociechi.it/concorsi/concorso-nazionale-tocca-a-te/

会場となっていたのは、ボローニャ随一の広場であるマッジョーレ広場に隣接する市立中央図書館「サラボルサ」だった。旧証券取引所を改修して2001年にオープンしたイタリア最大のマルチメディア図書館である。地上3階・地下2階の堂々たる建物で、地上階の三層の中央部は巨大な吹き抜けになっており、天井には美しいフレスコ画が描かれている。図書館は誰でも利用可能になっており、私が本稿を執筆したのも、じつはこの図書館の2階のスペースだった。

コンテストの開催時期が昨年とは異なっていたためか、今年度は例年に比べると作品数は多くはなかったが、それでも150点ほどが集まった。その中には日本からの応募作品も含まれていた。10月28日（土）におこなわれた授賞式では、図書館の1階部分の広大なスペースにコンテストの参加作品がすべて並べられ、手に取って触れるようになっていた。中央部分に用意されていた数百席は多くの人で埋め尽くされた。こうしたイベントが街の中心の会場を用いて大々的におこなわれることは、きわめて大きな意味のあることだと言えるだろう。

サルデーニャ島の学校視察

10月29日(日)〜10月31日(火)の期間にはサルデーニャ島の学校を視察した。サルデーニャ島はシチリア島に次ぐ地中海第2の大きな島で、日本の四国の1・3倍ほどの面積がある。独自の豊かな文化や歴史をもつ島でリゾート地としても人気を博している。拙訳書『イタリアのフルインクルーシブ教育』の原著者であるアントネッロ・ムーラ教授が、サルデーニャ島最大の都市カリアリの大学で教鞭を執られているので、教授にお目にかかるためにこの島を訪れたのだった。ボローニャからは直行便が運航されており、飛行機に乗ってしまえばわずか1時間半ほどの旅だった。今回サルデーニャ島での滞在中に訪問できたのは、学校群「エレオノーラ・ダルボレーア」[*2]に所属する幼稚園、小学校、中学校だった。

＊2　学校群「エレオノーラ・ダルボレーア」のホームページ。https://www.icsangavino.edu.it/

●幼稚園

月曜日から金曜日までの登園時間は8時30分~9時、退園時間は15時半~16時になっていた（12時~13時の時間帯に食堂で給食）。幼児は年齢ごとにA~Eまで五つのセクションに分けられており、情報を得られたところでは以下のような教育・支援体制になっていた。

・セクションA、Eは5歳児のクラス（学級編成は不明）
・セクションBは3歳児のクラス、児童は17名、教科の教師2名が受け持っており、障害が認定されている児童は在籍しない。
・セクションCは4歳児のクラス、児童は13名、支援者3名（支援教師2名+教育士1名）、障害が認定されている児童が2名在籍。
・セクションDは2歳児のクラス、児童は16名、支援者6名（教科の教師2名+支援教師2名+教育士2名）が配置され、活動内容により3~4名程度の支援者で対応しているようだった。障害が認定されている児童が2名在籍。

幼稚園の１クラスは15名程度で編成

特に印象的だったのは、どの教室でもきちんと整理整頓された棚の中に、多種多様な美術教材がぎっしり詰まっていたことである。幼稚園全体で美術に重きを置いていて、モンテッソーリのメソッドを踏まえて五感を刺激する教育をおこなうことを心掛けているということだった。教室内には児童一人ひとり用のポートフォリオが下げられていて、美術活動の成果物が丁寧にまとめられていた。

●小学校

月曜日から木曜日までの登校時間は8時半で下校時間は16時半、金曜日だけ下校時間が13時半になっていた（13時半〜14時半の時間帯に食堂で給食)。見学できたのは小学校5年生のクラスで(イタリアの学校制度では5年生が小学校の最高学年)生徒は16名、支援者2名(内訳は不明)、障害が認定されている生徒は2名在籍していた。参観した際には、外部講師2名を招いて「環境汚染(プラスチック汚染)」についての授業をおこなっていた。

●中学校

通常時のスケジュールは月曜日から土曜日まで同様で、登校時間は8時15分、下校時間は13時半になっていた(給食はなし)。見学できたのは中学校1年生のクラスで、生徒は18名、教員2名(教科の教師1名+支援教師1名)、障害が認定されている生徒は2名在籍していた。クラスには留年した生徒が1名含まれていたが、イタリアでは「同一の学習到達度を保障する」という観点から、現在でも留年の制度が存続している(理由の如何を問わず、年間50日以上の欠席も落第の事由になるという)。

見学をしたのはパソコン室でおこなわれていた「情報」+「英語」の授業で、生徒一人ひとりがパソコンに向かってヘッドフォンをして動画を視聴した後に、教師の英語の質問に答えるかたちで授業が進められていた。

今回訪問できた幼稚園、小学校、中学校では、どの段階においても、ほとんどのクラスに障害が認定された児童生徒が在籍していた。総じていえるのは、どのクラスにおいても、児童・生徒たちは全員きちんと着席して授業に臨んでいたことである。事前情報がなければ、外見上はどの児童・生徒に障害があるのかほとんど見分けがつかないほどだった。また障害が認定されている児童・生徒についても、授業の内容を理解し、教師の質問に口頭で十分に返答ができる生徒が多々見受けられるなど、障害は軽度と想像されるケースが多かった。4月から私自身が実施してきた学校での調査とあわせて考えてみても、イタリアでは比較的に軽度でも障害が認定されるにいたるケースが多いといえそうである。日本では障害の認定は、健常児とは別の分離した教育への第一歩となる場合が多く、その判断は肯定的に受け止められるとは言い難い。しかし、フルインクルーシブの教育をおこなっているイタリアでは、障害の認定は、インクルーシブな教育環境の中で、適切な支援を得ながら健常児と同様の教育を受けていくことへの権利行使の第一歩と捉えることができる。日伊両国のあいだで、「障害の認定」に関わる考え方や捉え方には大きな乖離があるといえるだろう。

サルデーニャ島での学校訪問は、「学校群（イタリア語でIstituto《イスティトゥート》 comprensivo《コンプレンスィーヴォ》）」という観点からイタリアの教育の特徴を捉え直すよい機会ともなった。今回訪れることができた幼稚園、小学校、中学校は、幼稚園2園、小学校4校、中学校2校で構成されている学校群「エレオノーラ・ダルボレーア」に所属する学校である。イタリアの教育制度において、「学校群」は、通常は地域内で近接する幼稚園、小学校、中学校で構成される。実際に足を運んだ小学校と中学校は同じ校舎の1階と2階にあり、また同じ学校群の幼稚園までは車で10分ほどの距離だった。

イタリアの「学校群」制度では、各学校に校長や事務局が置かれることはなく、1名の校長と1カ所の事務局が、その学校群に所属するすべての学校の管理・運営に当たるというシステムをとっている。そして、学校群ごとにPTOFと略される「教育提供3カ年計画」（イタリア語でPiano Triennale dell'Offerta Formativa）が作成され、これに基づいてPAIと略される「インクルージョンのための年次計画」（イタリア語でPiano Annuale dell'Inclusione）が立てられるが、これらの計画は、「学校群」に所属するすべての学校で共有される。したがって、同一の学校群に所属する各学校では、共通する計画や目標に基づいた継続的な教育・支援が実施される。イタリアの学校はクラス替えをせず担任が持ち上がりになることが一般的なのも、こうした教育の継続性に重点が置かれているからである。

実際、サルデーニャの学校を訪問した際には、教育・支援活動に継続性をもたせるための活動の一環として、幼稚園、小学校、中学校の生徒が一緒に取り組んだ美術の作品を見せてもらうことができた。また、幼稚園から小学校へ、小学校から中学校へという進学をスムーズにするために、幼稚園の最終学年の生徒が小学校の活動に参加したり、小学校の最終学年の生徒が中学校の活動に参加したりする機会が設けられているということだった。特別学校をなくし、すべての子どもたちが生活圏にある地域の学校に通っているイタリアだからこそ、地域社会に根ざしたこうした継続的な教育が可能になっているのだといえるだろう。地域社会の中で継続した教育をおこなうことの意味を改めて考えさせられたサルデーニャ島訪問だった。

本稿で紹介したのは、1週間にわたるローマ、ボローニャ、サルデーニャ島の視察旅行の概略である。今回扱ったローマのヴァッカーリ特別小学校とサルデーニャ島の学校群「エレオノーラ・ダルボレーア」に関しては、再訪してより入念な視察をおこなうべく計画を立てている。その調査の成果については、別のレポートで改めて報告することにしよう。

column 3

ヴィチェンツァのキエリカーティ宮殿

——誰もがアクセス可能な美術館をめざして

1年間のイタリア滞在のあいだ、旅行や調査に訪れた町で、わずかな時間を見つけては美術館に足を運んだ。旅することの楽しみをおぼえ、暇さえあれば見知らぬ土地を歩きまわるようになって以来、とりわけ海外を旅するときは、その土地の美術館を訪れるのが習慣になっている。そして数年前からは、こうした個人的な興味だけでなく、美術館や博物館の訪問の際には調査という目的が加わった。視聴覚障害者の利用という点から見て、それぞれの美術館や博物館といった施設がどのようなインクルージョンのための取り組みをおこなっているのかを視察することが、新たな研究テーマの一つとなったからである。

ローマ（ヴァチカン美術館、ボルゲーゼ美術館）、フィレンツェ（ウフィッツィ美術館）、ミラノ（ブレラ美術館）、ヴェネツィア（アッカデミア美術館）といったイタリアを代表する観光地の有名美術館を見てまわると、現在ではそれぞれの施設の主要な所蔵作品のうち少なくとも数点については、原画のそばに、絵柄のとおりに浮き彫りを施し半立体化した複製が設置され、誰もが手で触ってその作品を鑑賞できるようになっている。

そんななか、イタリア滞在中に訪れた数多

くの美術館や博物館のうち、障害者に対してよりきめ細かな配慮がなされていると思われた施設の一つが、ヴィチェンツァのキエリカーティ宮殿（美術館）だった。

ヴィチェンツァは、ヴェネツィアから西へ列車で45分ほどの距離にある町で、ルネッサンス期を代表する建築家パッラーディオの手がけた美しい建築物が残る町として知られている。この町にあるパッラーディオ設計の傑作・オリンピコ劇場（イタリア語でTeatro《テアトロ》 Olimpico《オリンピコ》）には、16世紀の末にこの地にたどり着いた「天正遣欧少年使節（1582年に九州のキリシタン大名がローマ教皇謁見のために派遣した伊東マンショら4人の少年使節）」が描かれた壁画が残されていることでも知られている。パッラーディオの名作建築をたどるついでに、この壁画を見に立ち寄る邦人観光客も多くいることだろう。先述のキエリカーティ宮殿も同じくパッラーディオの作で、テアトロ・オリンピコがあるのと同じマッテオッティ広場に面して建てられている。

このキエリカーティ宮殿美術館は決して大規模のコレクションを誇るわけではないが、パオロ・ヴェネツィアーノ、ヴェロネーゼ、ティントレットといったいわゆるヴェネツィア派の画家や、ティエポロ、メムリンク、ヴァン・ダイクといった画家の佳品が収蔵されている。そして、この美術館では主要な所蔵作品のうち絵画作品8点と彫刻作品1点の傍らに、3Dプリンターで製作されたと思しき半立体のミニチュア作品が設置されていて、手で触って作品鑑賞ができるようになっており、点字による作品解説も添えられている。３Ｄ製品を取り扱うスタートアップ企業とのコラボレーションにより、「インクルーシブで革新的な美術館づくり」をめざしているという。現在ではイタリアの他の美術館や博物館でもしばしば見られるようになっているが、聴覚障害などにより音声ガイダンスを利用できない人たちへの配慮として、ミニチュア作品の隣に表示されているＱＲコードをスマートフォンで読み取ることで、作品に関する情報を視覚的に取得できるようにもなっている。

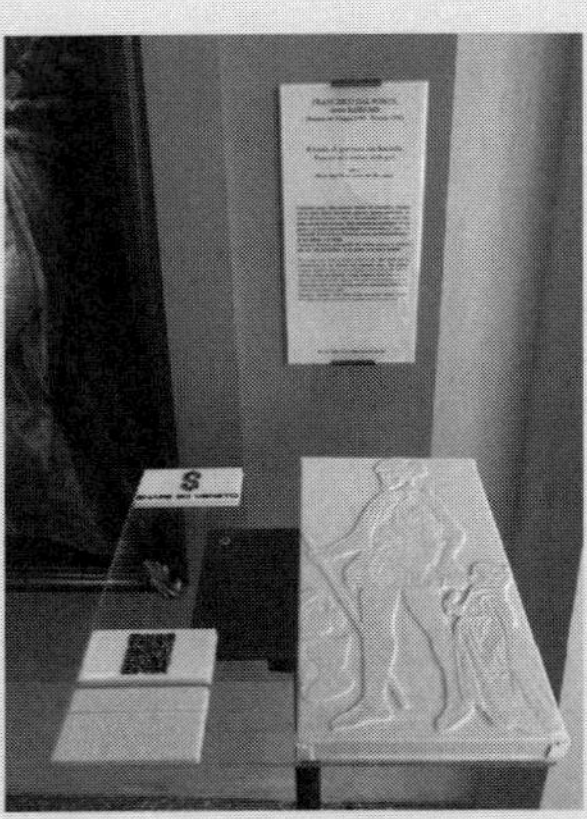
原画の手前に浮き彫り状に半立体化された作品が置かれ、手で触って鑑賞できる

　とりわけ近年になって、イタリアでは美術館や博物館のユニバーサルデザイン化が急速に進んでいる。「誰もがアクセス可能なインクルーシブな美術館」に根ざすのは「多様な人びとが共に生きるインクルーシブな社会」という考え方であり、こうした社会はほかでもないイタリアのインクルーシブな教育によって育まれている。

Report 7

ＩＣＦモデルに根ざした個別教育計画と実践

――サルデーニャ島での２度目の教育実習――

10月末のサルデーニャ島訪問からほどなく、11月初旬にはこの島の州都カリアリを再訪した。拙訳書『イタリアのフルインクルーシブ教育』の原著者であり、カリアリ大学教授であるアントネッロ・ムーラ先生の指導のもと、2週間ほどの期間、現地の学校に潜入してフィールドワークをおこなうことになっていたからだった。「フィールドワーク」とはいえ、生徒たちが登校してから下校するまでのすべての活動を共にしたので、日本で十数年前におこなった教育実習以来、さながら2度目の教育実習のようだった。

私を受け入れてくれたのは、レポート6で言及した学校群「エレオノーラ・ダルボレーア」に属する学校である（「学校群」についてはレポート6を参照）。同学校群で校長を務めていたのがムーラ教授の妻で、カリアリ大学でも教鞭を執っているスザンナ・オンニス先生だった。現地の学校でこうした調査を実施できる幸運に恵まれたのは、ひとえにムーラ教授夫妻のおかげだった。フィールドワークを実施したのは、主としてカリアリから列車で30分ほどの町にある小学校と中学校だったが、滞在中にはカリアリ大学からほど近くにある職業高校「アズニ高校」[*1]を訪問することもできたので、あわせて報告することにしよう。

エレオノーラ・ダルボレーア学校群・A小学校

イタリアの学校制度では小学校が6歳〜11歳までの5年間、中学校が11歳〜14歳までの3年間、高校が14歳〜19歳までの5年間、そのうち6歳〜16歳までの10年間が義務教育期間となっている（「イタリアの学校制度」についてはレポート3の注2を参照）。フィールドワークをおこなったのはA小学校の5年生のクラスだったが、イタリアの学校制度ではこの5年生が小学校の最高学年ということになる。私が2週間を共に過ごしたクラスは19名の生徒で構成されており、その中には障害認定を受けた生徒2名が含まれていた。

次ページに掲げた時間割表で示したように、このクラスはイタリアの小学校段階の最大授業時間数（週40時間）に近い週37時間の授業を組んでいた。[*2] そのうち自閉症ス

＊1　アズニ高校のホームページ。https://www.azunicagliari.edu.it/

＊2　イタリアの学校では、小学校段階では保護者の希望および個々の学校がもつ教育的資源をもとに、①週に24時間、②週に27〜30時間、③週に最大で40時間の中から授業時間数が決められることになっている。イタリアの学校の授業時間については以下に記載されている。https://www.miur.gov.it/orario-scuole

A小学校5年生、生徒19名、障害認定2名

	月曜日	火曜日	水曜日	木曜日	金曜日
8:30 ～9:30	算数 ＋支援教師1	イタリア語 ＋支援教師1	算数 ＋支援教師2	算数 ＋支援教師2	イタリア語 ＋支援教師2
9:30 ～10:30	算数 ＋支援教師2	イタリア語 ＋支援教師1	算数 ＋支援教師2	算数 ＋支援教師2	イタリア語 ＋支援教師2
10:30 ～11:30	英語 ＋支援教師2	美術 ＋支援教師1	科学 ＋支援教師2	宗教 ＋支援教師2	音楽 ＋支援教師2
11:30 ～12:30	イタリア語 ＋支援教師2	算数 ＋支援教師1	イタリア語 ＋支援教師2	宗教 ＋支援教師3	地理 ＋支援教師1
12:30 ～13:30	イタリア語 ＋支援教師2	科学 ＋支援教師1	イタリア語 ＋支援教師1	運動 ＋支援教師2	地理 ＋支援教師1
13:30 ～14:30	給食 ＋支援教師1	給食 ＋支援教師1	給食 ＋支援教師1	給食 ＋支援教師1	
14:30 ～15:30	歴史 ＋支援教師1	テクノロジー ＋支援教師1	プロジェクト ＋支援教師2	英語 ＋支援教師1	
15:30 ～16:30	歴史 ＋支援教師1	運動 ＋支援教師1	プロジェクト ＋支援教師2	英語 ＋支援教師1	

＊表中の「＋支援教師」は、各教科の教師に加えて記載の人数の支援教師が加配されていることを示す

ペクトラムの診断を受けている生徒に対しては、週に22時間分の支援教師が加配されており、もう一方の発達障害の生徒に対しては週に11時間分の支援教師が加配されていた。

イタリアでは小学校、中学校、高校などすべての学校段階で教科担当制が基本となっているが（小学校では1人の教師が複数の教科を担当することがある）、時間

割表を見てみるとわかるように、各教科の担当教師に加えて、すべての授業に1名〜2名の支援教師が配置されていた。支援教師の配置時間数は障害の実態等に基づいて決定されるが、自閉症スペクトラムの生徒に対して支援教師が加配されている22時間という時間数は、小学校に所属するフルタイムの教師（各教科の教師および支援教師）が1週間に受け持つ授業時間数におおよそ相当する（小学校の教師の週の労働時間は最大で24時間）。ちなみに中学校および高校に所属する教師が受け持つ授業時間数は、1週間あたり最大で18時間である。

イタリアでは障害が認定されると、対象生徒に対して学校内外の機関に所属する教育・医療・福祉分野の専門職チームGLO《グロ》（「GLO」についてはレポート3の注5を参照）が結成され、このチームが作成した個別教育計画に従って教育・支援活動が展開される。この個別教育計画は、地域保健機構（「地域保健機構」についてはレポート4の注3を参照）に所属する医療・福祉分野の専門職チームが中心になって作成する機能プロフィール（PF）に基づいているが、とりわけ重要なのは、近年の教育改革により「機能プロフィール」と「個別教育計画」の両文書ともに、「ICF（国際生活機能分類）」の考え方が明確に反映された様式に刷新されたことである。

ＩＣＦとは「医学モデル」と「社会モデル」が掛け合わされた「統合モデル」のことである。たとえば障害のある生徒の実態を、生物学的、個人的、社会的な様々な要因が相互に影響し合った結果生みだされるものと見なし、より総合的な観点から捉え直そうとするものである。[*3] 教育分野におけるＩＣＦの本格的な導入によって、障害を病から直接的に引き起こされる個人的な問題と捉えていた従来の「医学モデル」から「社会モデル」的側面を重視したものへと、イタリアの教育は新たな段階に移行しつつあるといえる。

さて、ここで自閉症スペクトラムと診断されている生徒の個別教育計画に触れておきたい。そこでは書面の冒頭付近で、個人および家族の環境や状況についての詳細な情報が記され、それに加えてＩＣＦの分類に基づいて「人間関係／相互関係／社会性」、「コミュニケーション／言語」、「自立性／見当識」、「認知、神経生理学、学習の側面」といった観点から生徒の所見がこと細かく示されている。そして、学校生活を送るにあたってプラスの影響を与える「促進因子」は何か、マイナスの影響を与える「阻害因子」は何かといったことが、クラスメイトや教師との関係性の中で分析され、記されている。さらに「インクルーシブな学習環境を実現するための介入措置」という欄では、「社会的なコミュニケーション」と「活動への注意と学習意欲の持続」に課題があるとされる生徒に対して、「経験的で協同的で生きた体験に根ざした学習活動を積み重ねることで、苦手なことを克服していく必要がある。そのためには少人数のグループ活動を重点的におこない、対象生徒が自分のペースで自分の能力に応じた学習に取り組める環境を整備するよう教師たちが支援すると同時に、グループ内で生徒同士の協力を促していくことが大事である。また年間を通じて、様々なプロジェクト、グループ活動、ワークショップを計画し、クラス全体の集団活動を促進してクラスメイトとのあいだのインクルージョンと社会的・友好的な関係性の構築を図る必要がある」といった具体的な取り組みが提示されている。

実際に教室での活動に参加してみると、このクラスは「実験的クラス」に指定されているということで、生徒たちは4～5人ずつのグループに分けられ、グループごとに6角形に組み合わされた特殊な形態の机に向かい合って座り授業に取り組んでいた。

＊3　教育・医療・福祉が緊密に連携しているイタリアの教育制度では、ＩＣＦ（国際生活機能分類）が三つの異なる分野を橋渡しする「共通言語」として機能していることが重要である。

生徒同士の学び合いに重点が置かれたイタリアの協同学習

これらのグループは教師たちが能力のバランスや生徒同士の相性に配慮して決めたものだが、生徒たちが互いに学び合ったり協力し合ったりするのに有効な仕組みを教師がいかにつくり出していくかがもっとも重要だということだった。そうした理由から、障害児に対して加配されている支援教師は、対象生徒に常に寄り添うのではなく、彼らを見守りつつクラス全体の活動の進行をサポートしていく体制がとられていた。支援の対象となっている生徒の学習目標の主要な項目が、生徒個人としての次元ではなく、インクルーシブな学習環境に基づくクラスメイトとの協同作業を通じて達成されるように計画されており、それに向けた支援がなされていることが深く印象に残った。

エレオノーラ・ダルボレーア学校群・B中学校

B中学校において、私が2週間を共に過ごしたのは3年生のクラスだった。このクラスは生徒21名で構成されており、障害が認定された生徒1名が含まれていた。対象生徒は軽度知的障害があるとされ、次ページの時間割表に示されているように、週に9時間分の支援教師が加配されていた。また、クラスにはほかに学習障害のある生徒が複数名在籍しているということで、週に2時間分の教育士も配置されていた。

障害が認定された生徒の個別教育計画について検討してみると、ICFの分類に基づいた「認知、神経生理学、学習の側面」に関する所見の欄には、「困難が顕著なのは数学的論理の分野であり、イタリア語の読解や文章作成については簡略化された内容であれば理解することができる」と記されている。また学校生活にマイナスの影響を与える可能性のある「阻害因子」については、「家庭の事情により昨年転校してき

B中学校3年生、生徒 21 名、障害認定1名

	月曜日	火曜日	水曜日	木曜日	金曜日	土曜日
8:30 ～ 9:30	イタリア語 ＋支援教師 1	イタリア語／ 歴史	フランス語	地理	宗教	数学 ＋支援教師 1
9:30 ～ 10:30	イタリア語 ＋支援教師 1	イタリア語／ 歴史	運動	地理	歴史 ＋支援教師 1	数学
10:30 ～ 11:30	テクノロジー ＋支援教師 1	数学／科学 ＋教育士 1	英語	美術史	歴史	英語 ＋支援教師 1
11:30 ～ 12:30	テクノロジー	数学／科学 ＋支援教師 1	英語	美術	科学 ＋支援教師 1	運動
12:30 ～ 13:30	数学／科学	音楽	イタリア語／ 歴史 ＋教育士 1	音楽	イタリア語／ 歴史 ＋支援教師 1	フランス語

たこと。クラスメイトに溶け込んだり、地域生活に馴染んだりするためには時間を要すること。保護者の付き添いができないため午後の活動への参加が叶わず、同年代の子どもたちとの付き合いがほとんどないこと」といったことが記されており、こうした事情が反映されたものだろうが、学習目標の一つには「レクリエーション的な集団活動や大人数での活動に参加する力を向上させる」ことが挙げられていた。

さらに「インクルーシブな学習環境を実現するための介入措置」の欄には、「在籍するクラスは3年目のクラスであるため（イタリアの学校は教育の継続性を重視するため、クラス替えをせず同じメンバーで持ち上がるのが一般的）、クラス内には独特の雰囲気ができあがっていて溶け込みにくさがあるかもしれない。そのため教師は、対象生徒がクラスに溶け込めるように慎重にその方法を検討する必要がある。また、学校内外の活動への参加と社会化を促進するために、少人数での活動を促したり、生徒間の相互理解を深めるために自分自身の体験を話し合う機会を設けたり、あるいは集団への帰属意識を高めるために遊びや協力を要する活動の機会を設けていく必要がある」と記されていた。イタリアの個別教育計画では、学校という場だけに限らず、家庭生活および地域生活も含めた包括的な視点から生徒の教育実態を捉えようとしており、またそうした実態を踏まえてフィードバックさせて学校での教育・支援活動も計画されているといえるだろう。

教室での活動に目を向けてみると、右の時間割表に見られるように対象生徒が苦手としている分野をサポートするために、支援教師および教育士が「数学」と「イタリア語」の授業を中心に加配されていることがわかる。実際の授業では、支援教師は対象生徒の様子を窺いながら必要な支援をしつつ、クラス全体のサポートにも目配りをしていた。

ここでは最後に、調査をおこなっていた期間に実際に見聞きすることができた具体的な生徒支援策を紹介したい。①学校のサーバー上に様々なサポート教材、宿題情報などが用意されており、生徒たちが自由にアクセスできるようになっていた。②必要に応じて支援教師が授業内容をまとめ、そのデータをサーバー上に保存し、生徒たちがアクセスできるようにしていた。③授業の要点をコンセプト・マップ（概念図）で示し、対象生徒に提供していた。コンセプト・マップとは概念と概念の関係性を視覚的に示した図解のことで、イタリアでは生徒支援の方法の一つとして学校現場でしばしば用いられる手法である。

アズニ高校

まずイタリアの高校について概要を説明すると、その大半が公立学校で、リチェオ（イタリア語でLiceo、この中には古典高校、科学高校、言語高校、芸術高校、音楽高校などがある）と呼ばれる高校と、イスティトゥート（イタリア語でIstituto、この中には技術高校、職業高校などがある）と呼ばれる高校に大別することができる。いずれも5年間の課程が基本になっていて、最初の2年間までが義務教育期間である。昨今では、リチェオを卒業

アズニ高校5年生、生徒 18 名、障害認定3名

<table>
<tr><th></th><th>月曜日</th><th>火曜日</th><th>水曜日</th><th>木曜日</th><th>金曜日</th><th>土曜日</th></tr>
<tr><td>8:00
～ 9:00</td><td>経済
＋支援教師 1
＋教育士 1</td><td>調理／
栄養学
＋支援教師 1
＋教育士 1</td><td rowspan="5">調理
＋支援教師 1
＋教育士 1</td><td rowspan="2">イタリア語／
歴史
＋支援教師 1
＋教育士 1</td><td>数学
＋支援教師 1
＋教育士 1</td><td rowspan="2">経済学
＋支援教師 1
＋教育士 1</td></tr>
<tr><td>9:00
～ 10:00</td><td>数学
＋支援教師 1
＋教育士 1</td><td>数学
＋支援教師 1
＋教育士 1</td><td>栄養学
＋支援教師 1
＋教育士 1</td></tr>
<tr><td>10:00
～ 11:00</td><td>イタリア語
＋支援教師 1
＋教育士 1</td><td rowspan="2">英語
＋支援教師 1
＋教育士 1</td><td rowspan="2">栄養学
＋支援教師 1
＋教育士 1</td><td>調理
＋支援教師 1
＋教育士 1</td><td>栄養学
＋支援教師 1
＋教育士 1</td></tr>
<tr><td>11:00
～ 12:00</td><td rowspan="2">運動
＋支援教師 1
＋教育士 1</td><td>フランス語
＋支援教師 1
＋教育士 1</td><td rowspan="2">フランス語
＋支援教師 1
＋教育士 1</td></tr>
<tr><td>12:00
～ 13:00</td><td>イタリア語／
歴史
＋支援教師 1
＋教育士 1</td><td>英語
＋支援教師 1
＋教育士 1</td><td rowspan="2">イタリア語／
歴史
＋支援教師 1
＋教育士 1</td></tr>
<tr><td>13:00
～ 14:00</td><td></td><td>宗教
＋支援教師 1
＋教育士 1</td><td></td><td></td><td></td></tr>
</table>

する生徒たちの大半はその後大学（美術学院、音楽院を含む）に進学するようになっている。

　州都カリアリで視察に訪れたのは、イスティトゥートの中の職業高校に属するアズニ高校である。4カ所のキャンパスからなる学校で、全体でおよそ900名の在校生がおり、そのうち約120名の生徒が障害認定を受けていた。もちろん職業高校もインクルージョンの原則に基づいている。同校では「調理とホテル学」、「商業」、「グラフィック技術」を学ぶことができるが、障害認定を受けた生徒の占める割合がもっとも高いのが「調理とホテル学」部門であるということだった。大学進学をめざすリチェオと呼ばれる高校に対して、このような職業高校が障害のある生徒たちの主要な進学先になっていることが想像できた。

調査対象とした高校5年生のクラスは、18名の生徒で構成されており、障害が認定された生徒3名が含まれていた。前ページの時間割表に示されているように、すべての授業において、授業を担当する教師のほかに支援教師と教育士の2名が配置されていた。このクラスは「調理とホテル学」部門の中の「調理」を専攻するクラスだったが、この「調理」専攻のほかに、バール(イタリア式のカフェのこと)でサービスをおこなう「給仕・販売」専攻、そしてホテルなどで働くための「レセプション」専攻が設置されていた。

「調理とホテル学」部門では、イタリア語、英語、数学といった一般的な科目のほかに、1、2年生のうちに調理や栄養学、そしてホテル業務に関する基礎的な理論や知識を身につけ、3年生から5年生に進むにつれて実践的な授業が増えていくように課程が設定されていた。校内にある調理室とバールを見せてもらい、バールでは実際にコーヒーをご馳走になったが、調理室にはピカピカに磨き上げられた最新の調理器具がずらっと揃えられていた。そうしたバールの設備は、私が暮らしているボローニャで通っている店となんの遜色もないほど本格的なものだった。

また4年生以上になると「調理」、「給仕・販売」、「レセプション」の各部門に応じて、その知識と技能を問うサルデーニャ自治州が実施する資格試験が受験できるということだった。そして、そこで取得された資格はイタリア全土で通用するようになっていた。同校を訪問した日は、たまたま外部から審査員を招聘して校内でおこなわれるその資格試験の前日に当たっていて、着々と準備を進めている様子が見られた。さらに同校の在学中には、校外のレストラン、ホテル、バールといった場所で実地研修が受けられるプログラムも用意されているという。栄養学と調理を担当する教師に話を聞いたところ、「障害のある生徒たちは、理論や知識を身につける授業では、確かに苦労し戸惑っている様子を見受けることもありますが、実際の調理やサービスの実践の場面になると、周囲の活動を見ながら自分なりのペースで仕事を覚えていき、生き生きと活動していますよ」というコメントを得ることができた。各授業に加配されている支援教師と教育士による支援体制をはじめ、障害のある生徒たちがインクルーシブな環境で学ぶための仕組みが、彼らの必要性に応えるべく整えられているのを感じることができた。

今回はサルデーニャ島にある小学校、中学校、職業高校の各学校において、障害のある生徒たち対してどのような教育計画が立てられ、どのような支援体制が組まれ、どのような教育実践がおこなわれているかについて報告した。あくまで障害のある生徒の視点から、あるいは彼らの肩越しに学校生活の様子を観察しそれを記録したものである。わずか2週間という短い時間とはいえ、子どもたちと一緒に時間を過ごした貴重な経験からすると、付言しておく必要があると思えるのは、生徒たちのあいだには健常児や障害児といった区別はなく、彼らは互いに学校生活を共にする、単なるクラスメイト同士だったということである。障害のある生徒に対する過剰な気づかいも特段の気負いもなく、クラスメイトたちはそれぞれただ自然に振る舞っているように見えた。

分離教育の一切を撤廃し、学校生活のすべてをインクルージョンの原則に基づいておこなっているイタリアでは、そうした体制がすっかり定着し、これがすでに日常の風景になっていることを改めて実感できるまたとない機会となった。

Report 8

自閉症の生徒とクラスメイト

――イタリアの学校のインクルーシブな学習環境づくり――

2023年の10月から12月までの3カ月足らずの期間、2週間に1度ほどの頻度で自宅のあるボローニャから列車に乗り、アドリア海沿いのリミニからほど近い小さな町に通った。本書のレポート2、3で取り上げたボローニャ大学の「支援教師」養成講座を担当していたアリーチェ・イモラ先生が、支援教師としてこの町のP小学校に勤務していたからだった。実際にその町を訪ねてみると、その小学校は町一番の美しい広場に面していて、広場の中央には円形の噴水があり、その片隅には18世紀に建立されたアーチ型凱旋門が残されていた。

私を受け入れてくれたのは、イタリアの小学校では最高学年に当たる5年生のクラスだった。合わせて5度にわたる学校訪問となったが、その間、イモラ先生とクラスに関わる先生方の厚意により、通常の授業に参加させてもらえたばかりか、私が日本の特別支援学校を紹介する授業をおこなったり、先生方と一緒にクラスの生徒を引率して運動競技会に参加したり、さらには校長先生にインタビュー（コラム4参照）をさせていただいたりと、限られた時間の中で様々な体験ができた貴重な機会となった。

クラスには障害が認定された3名を含む23名の生徒が在籍していた。118ページに掲げた時間割表に示されているように、すべての授業に支援教師か教育士あるいは

町一番の美しい広場に面した小学校

その両方が加配されていた。障害が認定された3名のうちの2名は、日常の学校生活の様子を見るかぎり、事前情報がなければ障害の有無をにわかには判断しかねる生徒だった。障害認定を受けている3名のうちの一人がどの生徒であるかは、初日にクラスに入ってすぐに見当がついた。クラスの一番後ろの席に座り、お気に入りの玩具を机に広げて（空いている穴に形の合うパーツを押し込むプットインの玩具、そして魚釣りの玩具は私にとっても馴染のあるものだった）、遊びに耽っている生徒がいたからだった（以降この生徒を「Gさん」と表記）。Gさんは自閉症と診断されていた。教師からの簡単な指示であれば理解

P小学校5年生、生徒 23 名、障害認定3名

	月曜日	火曜日	水曜日	木曜日	金曜日
8:00 ～ 9:00	算数 ＋教育士 1	イタリア語 ＋支援教師 1	イタリア語 ＋支援教師 1	算数 ＋支援教師 1 ＋教育士 1	地理 ＋支援教師 1
9:00 ～ 10:00	算数 ＋教育士 1	イタリア語 ＋支援教師 1	イタリア語 ＋支援教師 1	算数 ＋支援教師 1 ＋教育士 1	地理 ＋支援教師 1
10:00 ～ 11:00	算数 ＋支援教師 1 ＋教育士 1	イタリア語 ＋支援教師 1	イタリア語 ＋支援教師 1	算数 ＋支援教師 1 ＋教育士 1	イタリア語 ＋支援教師 1
11:00 ～ 12:00	運動 ＋支援教師 1 ＋教育士 1	美術 ＋支援教師 1	音楽 ＋支援教師 1	イタリア語／ テクノロジー ＋支援教師 1 ＋教育士 1	イタリア語／ テクノロジー ＋支援教師 1
12:00 ～ 13:00	給食 ＋支援教師 1	給食 ＋支援教師 1	給食 ＋教育士 1	給食 ＋支援教師 1	給食 ＋教育士 1
13:00 ～ 14:00	昼休み ＋支援教師 1	昼休み ＋支援教師 1 ＋教育士 1	昼休み ＋教育士 1	昼休み ＋支援教師 1	昼休み ＋教育士 1
14:00 ～ 15:00	ラボラトリー ＋支援教師 1	歴史 ＋支援教師 1 ＋教育士 1	科学 ＋支援教師 1 ＋教育士 1	英語 ＋支援教師 1	宗教 ＋教育士 1
15:00 ～ 16:00	音楽＋英語 ＋支援教師 1	歴史 ＋支援教師 1 ＋教育士 1	科学 ＋支援教師 1 ＋教育士 1	英語 ＋支援教師 1	宗教 ＋教育士 1

することができ、質問には一語か二語文で答えていた。Gさんは軽度～中度の知的障害を併せもっていたので、日本の教育制度に沿っていえば、特別支援学校に在籍することになる可能性が高いケースだろうと想像できた。

初回の学校訪問を終えたその日の夜、イモラ先生から1通のメールが届いた。そのメールでは、「クラスにインクルーシブな学習環境をつくりだすには、自然の成りゆきに任せていてはだめで、支援教師、各教科の教師、教育士など授業に参加するすべての者が共通した理解をもち、その共通理解に基づいて綿密な教育計画を立てるのが不可欠なこと」、さらに「教育がインクルージョンであるべきなのは当然だが、イタリアではそのインクルージョンが上手く機能していないケースもあり、そうした場合には障害児が教室の中で軽視されたり、さらに酷い状態になると疎外されていたりすることがあること」など、インクルーシブ教育が抱えている根本的な問題も指摘されていた。

自閉症の生徒Gと個別教育計画

その後もイモラ先生との幾度かの意見のやりとりを経るなかで、インクルーシブなクラスを観察するときの注目すべきポイントが明確になっていった。まずはクラスに在籍するGさんを観察の主な対象とすること、そのためにまずはGさんの個別教育計画（「個別教育計画」についてはレポート1の注1を参照）を精査し、その教育計画がどのような課題と目標に基づいて立てられているのかを理解すること、さらにその計画が具体的にどう実践されその効果がどのように教育現場に表れているかを観察すること、これが最終的に私自身の当座の課題となった。

イタリアの個別教育計画では、ICF（国際生活機能分類）の考え方に基づいて、対象となる生徒の実態を「医学モデル」と「社会モデル」をかけ合わせた総合的な観点から捉えることになっている（「ICF」についてはレポート7を参照）。試みにGさんの個別教育計画を検討してみると、学校での教育活動にマイナスの影響を与える「阻害因子」として「自由活動、待ち時間、非日常的な状況」などが挙げられており、その一方で、プラスの影響を与える「促進因子」としては「大人の付き添い、構造化された活動、責任の付与」などが挙げられていた。さらに、「インクルーシブな学習環境をつくるための介入措置」として「注意力を持続させて活動に取り組むには、大人の付き添いが不可欠であること」、「自発的に活動に取り組むためには、一定の責任を付与しクラスの一員としての役割を担う必要があること」、「活動が構造化されていて状況に見通しがもてると、問題行動を減らすことができること」などの点が記されていた。

また個別教育計画に記載されている「人間関係／相互関係／社会性」について、「感情をコントロールできること」、「クラスメイトをからかう行動を減らすこと」、「着席して落ち着いて活動すること」などが目標として掲げられていた。実際にクラスでの様子を観察してみると、授業中に限っていえば、支援教師か教育士のどちらかが付き添って一緒に活動している場面が多かったので、Gさんは着席し概ね落ち着いて作業に取り組んでいた。その一方で休み時間になると、ときおり走りまわったり大声をあげたりすることもあったが、クラスメイトたちは平然と接していて、しばらくするとGさんは机を壁側に向け、お気に入りの玩具で遊び始めたり、特別に用意されているパソコンでユーチューブの動画を見たりして過ごしているようだった。

自閉症の生徒Gとクラスメイトの関わり

個別教育計画の目標にある「遊びの中でクラスメイトとの自発的な関わりを増やすこと」についても様子をうかがっていると、給食の後に日々1時間ほど確保されている昼休みの時間には、Gさんが中庭でクラスメイトたちと楽しそうに走りまわる姿をしばしば見かけた（教師が遊び始めのきっかけをつくることもあった）。担任の話では、「小学校入学時はクラスメイトとはあまり関わりをもとうとせず、コミュニケーションも上手く取れなかったため自分ひとりの世界に閉じこもっている様子が目立っていた。しかし今では、特定のクラスメイトを相手にすることが多いが、自分から関わりをもとうとすることも増えてきた」ということだった。5年生の現在にいたるまで、このクラスはクラス替えも担任の入れ替えもなく持ち上がりできていた。Gさんとクラスメイトとがお互いに時間をかけてそれぞれの特性を受け入れ合い、学校という場で共に生きるための知恵や距離感を築いてきたのだろうと思われた。それと同時に、もしこのGさんが日本の特別支援学校で生活を送っていたらどうなっただろうかと想像してみたが、障害のある生徒だけが在籍していて、インクルーシブな環境をつくるのが容易ではないクラスにいて、目に浮かぶのは一人で遊びに耽る姿ばかりだった。日本の特別支援学校のシステムは、生徒同士の当たり前の関わり合いという点からいえば、かえって子どもたちからかけがえのない可能性を奪うことになっていないだろうかと、私は目の前の子どもたちの姿を目で追いながら繰り返し自問せざるを得なかった。

クラスでおこなわれる各教科の授業については、どの教科でもGさんにとってはいささか難易度が高く、クラスメイトと同様の内容では理解が難しいだろうという場面があった。そうした場合の対処法としては、主として二つの選択肢が用意されていた。

自閉症の生徒と一緒に遊ぶクラスメイト

一つは傍らでサポートをする支援教師や教育士が、要点を絞って個別に内容を説明し直したり、もしくは難易度を下げた教材を準備したりして対処する方法だった。もう一つはというと、Gさんの個別教育計画で設定されている各教科の目標と関連づけながら（個別教育計画を見てみると、たとえばイタリア語の学習目標としては「短文が読めるようになること」、算数の学習目標としては「物の数を数えられるようになること」などが挙げられている）、新たな課題を個別に用意して対処するという方法だった。つまりGさんへの支援策としては、クラスで扱われている授業内容を簡略化するか、新たに別の課題を準備するという二つの対処方法が用意されていた。いずれにしてもそれらは場当たり的な対応ではなく、支援教師と各教科の教師間で事前に打ち合わせがなされており、具体的な支援策が予め決められたうえでのことだった。各授業の終わりには、生徒たちの理解度を確認するために教師が質問を投げかけたり、生徒たちが学習の成果を発表したりという機会が設けられていたが、もちろんGさんにも同様の機会が用意されていた。

11月に3度目にクラスを訪れた際には、年明けに始まる外部講師を招いた演劇プロジェクトに向けての準備がいよいよ開始されようとしていた（全15回分の授業が組まれていた）。クラス全体で取り組むべきプロジェクトの一つだった。このプロジェクトでは、Gさんにはどのような役割が割り当てられるのか観察していると、クラスは4〜5人ずつ5つのグループに分けられていて、彼はそのうちの演劇のための衣装づくりを担当するグループに配属されていた。所属グループの中でGさんが担う具体的な役割は「衣装の材料リストの作成と材料の買い出し」だった。そこで改めてGさんの個別教育計画を見直してみると、「自律性／見当識」の領域では、「校外での移動における自律性を高める」という目標が設定されており、それに対して、その目標が達成されたか否かの評価基準として「買い物リストを作成してお店に行き、実際に買い物ができる」という具体的な内容が記されていた。つまり、個別教育計画に記載されているGさんの学習目標とこの演劇プロジェクトの活動を関連づけながら、彼がクラス全体に対して貢献できる役割が考案されていたというわけである。

これまでGさんがクラスメイトと一緒に学校生活を楽しむ様子、そして彼が教科の授業や演劇プロジェクトに取り組むに際して、教師たちがおこなっていた具体的な実践を記録してきた。教室という様々な個性が共存する場において、Gさんとクラスメイトとのあいだにどうしたらよりよい相互関係を築くことができるのか。あるいは教科の学習や特別活動においては、クラス全体の活動目標とGさん個人の特性に基づく学習目標をどのように関連づけることができるか。こうしたことへの配慮や工夫を通じて、インクルーシブな学習環境をつくりだすために、イタリアの教師たちがたゆまぬ努力を続けている様子を目にすることができた。ともあれ、インクルーシブな学習環境を構築するための不可欠な前提となっているのが、堅固なイタリアの学校の教育制度・教育体制、つまり小規模の学級編成、クラスに在籍する障害児の少数さ、多様な支援者、教育・支援活動の継続性などであることは、最後に改めて指摘しておく必要があるだろう。

column 4

リミニ近郊にあるP小学校長へのインタビュー

5度にわたってP小学校を訪問するなかで、同校の校長にインタビューに応じてもらえる幸運に恵まれた。実際に学校運営の全体を担っている校長の立場から、イタリアのインクルーシブな教育をめぐる現状や課題について率直なご意見を語っていただけた。インタビューは1時間半ほどの時間を割いておこなわれたが、ここでは日本の読者にとって関心が深いと思われるものを抜粋し付載した。

Q1　クラスのインクルージョンは進んでいますか。インクルージョンは上手くいっていますか。

校長　概ね上手くいっているが、クラスによって差があると思う。支援教師や教育士は、特定の生徒だけを支援するのではなく、クラス全体をサポートすることが必要だ。各教科の教師もクラスのインクルージョンのための計画を十分に理解して、支援教師や教育士と協働することが不可欠になる。各教科の教師によっては、障害児の支援は支援教師まかせという者がいるのが問題だ。

Q2　支援教師と各教科の教師は、どのようにして協働のための工夫をしていますか。

校長　小学校に勤務するフルタイムの教師の週の授業時間は24時間、そのうち2時間はミーティングの時間になっていて、そこで協働の方法の打ち合わせをしている。(このたび調査した) クラスが上手くいっているとしたら、支援教師と担任の教師がともにベテランであること、それに加えてすでに5年間生徒を見てきているからだろう。教師たちがころころ変わってしまうと、有効な連携体制を築くのは難しい。

※イタリアでは継続的な教育・支援活動を展開するために、クラス替えをしないことが一般的になっている。このクラスで担任を務める教師と支援教師は、小学校1年生の段階からこのクラスを担当している。

Q3　学校でインクルーシブ教育をおこなう意義はなんですか。

校長　インクルーシブな教育がなければ、障害児は結果として社会から疎外されてしまうこともあるだろう。しかし、小さい頃からインクルーシブな学習環境があれば、社会の中にも共生の場ができる。インクルージョンにすればクラスメイトにもおのずと理解と支援の気持ちが生まれるし、クラスメイトたちも障害児から多く学ぶことがある。

Q4　学校でインクルージョンの教育をおこなうにあたっての課題はありますか。

校長　全体として障害認定を受ける生徒の数が増えている。また障害認定はされていないが、支援の必要な生徒（「個別指導計画」PDPの対象）の数も増えている。各クラスに数名は学習障害のある生徒が在籍している。それに比べて必要とされる支援教師の数が足りておらず、（イタリア全土で支援教師の資格をもたない他の教科の教師が、支援教師の立場で仕事をしているケースがある）知識や技能についての十分な専門性を確保できていないという課題がある。

※PDPとは、障害認定にはいたらないが、教育的なニーズを抱えている生徒に対して作成される教育指導計画のこと。イタリアでは、学習障害の生徒はこの支援計画の作成の対象になっている。近年では移民の子どもたちなどが「個別指導計画」の作成の対象となるケースが増えている。

Q5　障害のある生徒の学校卒業後の進路ついて課題はありますか。

校長　イタリア全体の大きな課題として、障害者の就労の問題がある。一般企業の中でも社会的協同組合の中でも障害者が雇用される仕組みはある。しかし障害が重い場合は、就労の場をなかなか見つけることができず、日中をデイケアセンターで過ごすケースが多いので、障害者の就労の場を増やしていく必要がある。

※イタリアでは、50人以上の従業員数を抱える企業の障害者の法定雇用率は7パーセント、社会的協同組合B型では、従業員の30パーセ

ントは社会的に不利な立場にある人びとを雇用することになっている。したがって、日本に比べると健常者と障害者の労働の場における統合はイタリアのほうが格段に進んでいるといえるが、それでも重度の障害者は就労の場を見つけられないことが多い。

Q6　「いじめ」と「不登校」は、日本の学校が抱える大きな問題となっています。イタリアではどうですか。

校長　イタリアでは、「いじめ」は少なくとも小学校や中学校の段階では、それほど大きな問題にはなっていない。イタリアでは1クラスに複数の指導者がいるので、普段から生徒の様子をよく観察して予防に努めている。「不登校」もなくはないが、生徒が学校に登校して来ない場合、役所のソーシャルワーカーが中心になって対応することになる。

※「不登校」のケースにソーシャルワーカーなどの福祉分野の専門職が対応できるのは、イタリアの教育が、医療や福祉と緊密に連携していることに由来する強みだといえる。

Report 9

地域の専門機関が果たす役割

——ボローニャのカヴァッツァ盲人施設が担う機能——

ボローニャの街の中央には有名なマッジョーレ広場があり、そこからわずかな距離にはこの街のシンボルとなっている2本の斜塔アジネッリとガリセンダが聳《そび》えている。この斜塔の足もとからは、旧市街を囲んでいる城門に向かって放射状に主要な道路が何本も延びていて、そのうちの1本がカスティリオーネ通りである。斜塔を背にしてこの通りを南に20分ほど進むと、突き当りには城門の一つカスティリオーネ門が見えてくる。その少し手前にあってひときわ人目を引くオレンジ色の外壁の建築物、それがフランチェスコ・カヴァッツァ盲人施設（Istituto《イスティトゥート》 dei《デイ》 ciechi《チェーキ》 Francesco《フランチェスコ》 Cavazza《カヴァッツァ》）である。*1

この施設の起源は１８８１年にまで遡る。フランチェスコ・カヴァッツァ伯爵を中心として、貴族階級に属する若者たちによって設立されたのがこの施設の前身である。設立以来、社会的な変化や技術的・科学的な進歩も取り込みながら、視覚障害者たちの訓練、学習、リハビリ、社会的・職業的な統合を目的として、この施設では長きにわたって様々な活動が続けられてきた。この施設は１９７０年代までは盲学校としても機能しており、その末年には著名な全盲の声楽家アンドレア・ボチェッリも在籍していたという。しかし１９７０年代後半になり、イタリアの教育が特別学校を廃止して、原則としてすべての障害児が地域の学校で学ぶフルインクルーシブな教育へと移行するにあたり、盲学校としての機能を停止した。

その後、1999年になって同施設内に開設されたのが「手で触る美術館「アンテロス」」(Museo《ムゼオ》 Tattile《タッティレ》 Anteros《アンテロス》)である。この美術館では絵画作品を浮き彫りのように半立体的に翻案して展示しており、視覚障害者のための芸術鑑賞、リハビリ、視覚教育などを支援する施設として活用されている。美術館の責任者ロレッタ・セッキ氏については、10年以上前に大内進氏に紹介していただいたことがあり、知己の間柄だった。[*2]そのため2023年春からのボローニャ滞在中には、この施設を定期的に訪れてはセッキ氏や利用者の方からの聞き取り調査をおこなうことができた。そこで本稿では、これまでの調査で知り得たことをもとに、同施設の様々な機能について紹介することにしよう。

＊1　フランチェスコ・カヴァッツァ盲人施設のＨＰ　https://www.cavazza.it
＊2　大内進氏が東京に開設した「手と目でみる教材ライブラリー」は、ボローニャにある「手で触る美術館「アンテロス」」の東京分館としても位置づけられており、アンテロス美術館が作製した「触る絵」が多数展示されている。

視覚障害教育支援センターの役割

カヴァッツァ盲人施設が提供するサービスはじつに多岐にわたっている。学校教育に関わる領域でいえば、視覚障害児と保護者に対するカウンセリングや支援はもちろんのこと、教師をはじめとする教育関係者の支援、学校への視覚障害に関する情報の提供や教材・教具の貸し出しといったサービスを請け負っており、その役割を中心的に担っているのがこの施設内に設置されている「視覚障害教育支援センター（Centro《チェントロ》 di《ディ》 consulenza《コンスレンツァ》 tiflodidattica《ティフロディダッティカ》）」である。[*3] このセンターはイタリアの学校が連携している校外の専門機関の一つで、この種の機関はイタリア国内の21カ所に設置されているが、それらでシチリア島やサルデーニャ島などの島嶼部を含めてイタリアのほぼ全域をカバーしている。各センターが周辺の地域を管轄していて、来所者の相談や支援に応じるとともに、この機関に所属する専門的な知識・技能をもつ職員が、学校を直接訪問して生徒を指導したり、教員にアドバイスをしたりすることもある。視覚障害教育に関わるこの専門機関は、いわゆる「地域のセンター的機能」を担うと同時に、「訪問教育」をおこなう機関としての役割も受け持っている。

ボローニャに滞在中、カヴァッツァ盲人施設にしばらく通ううちに、幼少時からここを利用しているという一人の少年（以降「Cさん」と表記）に出会った。それ以来、セッキ氏と本人そしてその保護者からも話を聞くことができたので、この少年の具体的な体験をもとに同施設の支援策をお伝えしよう。

カヴァッツァ盲人施設に通う少年Cの体験

カヴァッツァ盲人施設に通うなかで出会ったのが、先天性の緑内障による全盲の少年Cさんだった。現在は13歳で地域の中学校に通っている。彼は一度会っただけで私の名前や声、日本からやってきたこと、そして今はボローニャに住んでいることを記憶した。聡明で笑みが絶えることのない明朗快活な少年で、次に彼に会える日が決ま

＊3　視覚障害教育支援センターのホームページ
https://www.bibliotecaciechi.it/servizi/centri-di-consulenza-tiflodidatti

手で触って形を認知する練習をする全盲のCさん

ると、私はその日が来るのを心待ちにするようになった。

保護者の話によると、Cさんが初めてこの施設を訪れたのは4歳の頃だった。そして彼が5歳のときには、当時通っていた幼稚園の教師、彼を担当していた支援教師、カヴァッツァ盲人施設の職員、そして母とのあいだで初めてのミーティングが開かれ、その時点で取り掛かるべき支援が講じられた。そして、Cさんが小学校に入学する前には、本人と母がこの施設でブライユ点字の基礎を学び、小学校時代のCさんの支援教師もこの施設に通って点字習得のコースを受講した。

中学生となった今では、現在の担任も

支援教師も点字が理解できないこともあって点字教材や点字教科書を用いることはなくなったが(視覚障害教育支援センターは学校に対して点字教材の提供や貸し出しもおこなっている)、Cさんはその代わりに点字入力が可能で音声読み上げ機能がついたパソコンを日々活用して、クラスメイトと一緒に授業に参加しているという。クラスではみんなの人気者だというCさんは、勉強は苦手と笑って教えてくれたが、水泳や音楽は好きだということだった。特に最近は音楽に熱中していて、5年前からはドラムを習っているという。母のスマートフォンに収められた動画でバンドのメンバーとして得意げにドラム演奏を披露する様子を見せられたときには、胸に熱いものが込み上げてきた。

中学生になった今の目標は、一人で外出ができるようになることだという。もう少ししたら、この盲人施設が提供する指導員の付き添いサービスを利用して、白杖を使って街を歩く練習を始めるのだと教えてくれた。

全盲のCさんをめぐるエピソードからは、視覚障害者とその保護者、視覚障害児の教育を担当する教師そして学校に対して、カヴァッツァ盲人施設が提供している具体的なサービスや支援の様子を知ることができる。カヴァッツァ盲人施設には、旧盲学校時代からのものも含めて視覚障害教育に関わる専門的な知識・技能が蓄積されており、その専門的な見地から学校と連携して視覚障害児の教育活動をサポートする体制をとっている。

アンテロス美術館の機能

次に取り上げたいのが、カヴァッツァ盲人施設内にあるアンテロス美術館が担っている機能についてである。この美術館は、ルネサンス絵画を中心に中世から近代までの名画を浮き彫り状の「さわる絵」に翻案したコレクションを展示している。ここに展示された半立体の絵画コレクションは、視覚障害者が手で触って芸術作品を楽しむという芸術鑑賞の観点から、そして浮き彫りの作品に実際に手で触れることを介して視覚障害者が形態を知覚し、認知し、または解釈する能力を刺激して強化する（あるいは低下を防ぐ）というリハビリや視覚教育の観点から活用されている。

ここ数年で視力を失いつつあるという年配の男性は、月に1度のペースで妻に付き添われてこの施設に通ってきていた。施設では、男性は壁に立て掛けられた浮き彫り状の絵画作品の前に学芸員のセッキ氏と並んで腰かけ、セッキ氏が自らの手で男性の手を導いて半立体の絵画作品に触れさせながら、ときには絵画のテーマや技法について説明を加えつつ形態を把握する練習をおこなっていた。視覚障害者が自らに残されている視覚とその他の感覚を統合的に活用する技術を身につけることで、知覚・認知・知的能力を向上させ強化していくのが目的だということだった。

先に紹介した全盲の中学生Cさんは、2カ月に1度くらいの割合でこの施設に通所していた。ここで彼が取り組んでいる作業は、浮き彫り状の絵画作品に手で触れて形態を確認し、それを部分ごとに粘土で再現し、最終的には作品全体を粘土で作り上げるというものだった。この施設を初めて訪れた4歳のときから、Cさんはこの粘土を使った訓練を開始したという。初めはリンゴやバナナやお皿など生活の中で身近にあるものを粘土で作ってみるところから作業を始めたが、現在ではだいぶ複雑な形態のものまで粘土で再現できるようになったという。さらに、アンテロス美術館はボローニャ大学とも連携しており、学芸員のセッキ氏が大学で視覚障害教育の講座を担当し、同美術館が有する知見の普及に努めるとともに、大学からの教育実習生の受け入れもおこなっているとのことだった。

アンテロス美術館が担っている多様な機能の中で見落とすことができないのが、美術館のユニバーサルデザイン化に向けた助言・協力という役割である。先述した「さわる絵」についていえば、アンテロス美術館が作製した作品は、実際に多数の美術館に設置されており、視覚障害者の芸術鑑賞のために役立てられている。その中の一つが、ボローニャにある国立絵画館（Pinacoteca《ピナコテカ》 nazionale《ナツィオナーレ》 di《ディ》 Bologna《ボローニャ》）に設置されている、14世紀の画家ヴィターレ・ダ・ボローニャの作品『聖ゲオルギウスの竜退治』を浮き彫り状に翻案した作品である。この作品は、常設展示の作品として人目に触れやすい入り口付近のスペースに配置されているので、この絵画館を訪れたことのある人であればご存じかもしれない。私自身もボローニャに滞在中、この国立絵画館を訪れるたびにこの浮き彫り状の作品に触れる体験をした。ちなみに日本国内では、公立美術館としては唯一山梨県立美術館に、アンテロス美術館が作製したミレー作『種をまく人』を翻案した「さわる絵」の作品が展示されている。

　近年イタリアでは、美術館および博物館のユニバーサルデザイン化が着々と進行している。イタリア国内には、ボローニャの「手で触る美術館「アンテロス」」の他にも、視覚障害者の美術教育や鑑賞を目的として、主として彫刻、建築作品を収集・展示しているアンコーナの「手で触る『オメロ』美術館」があることが知られている（コラム5を参照）。それに加えて、今回のイタリア滞在中に確認できただけでも、ローマ、ミラノ、ヴェネツィア、フィレンツェといったイタリアの主要都市にある有名な美術館においても、まだ点数は少ないとはいえ、各美術館の代表作を模した「さわる絵」が設置されている。

ミラノにブレラ美術館（Pinacoteca di Brera《ピナコテカディブレラ》）という、その名を広く知られた美術館がある。ある日この美術館の研究者チームが、自館に所蔵されている絵画作品を翻案した「さわる絵」の試作を携えてアンテロス美術館を訪れた。その際に学芸員のセッキ氏は、ブレラの研究者チームに対し、「視覚障害者にとって手で触れて形態を感知しやすいのはどのような絵画作品か」「絵画作品を浮き彫りに翻案するにあたりどういった点に留意すべきか」など専門家の観点から助言をおこなっていた。そして、実際にブレラ美術館が収蔵している代表作の中から、セッキ氏は浮き彫りへの翻案に適した作品として、バロック絵画の巨匠カラヴァッジョ作『エマオの晩餐』と19世紀ロマン主義の画家アイエツ作『接吻』の2点の作品を取り上げ、浮き彫り状に翻案をする際の留意点を伝えていた（2024年1月25日にミラノのブレラ美術館を訪れてみたが、カラヴァッジョ作『エマオの晩餐』とアイエツ作『接吻』の両作品の手前には、その時点ではアンテロス美術館の制作ではない別の浮き彫り状の作品が設置されていた)。

これまでボローニャにあるフランチェスコ・カヴァッツァ盲人施設、そしてその館内に設置されている「視覚障害教育支援センター」と「手で触る美術館『アンテロス』」が果たしている多岐にわたる役割を紹介してきた。それぞれの学校でインクルーシブ教育を推進するにあたっても、美術館等でユニバーサルデザイン化を促進するにあたっても、ときにはそれぞれの機関に蓄えられた資源だけでは賄うことが難しい高度に専門化された知識や技能が必要になる。たとえば「視覚障害教育支援センター」が提供している点字に関する理解や知識に基づく視覚障害者や教師への支援、そして点字教材・教具の提供や貸し出し、あるいは「手で触る美術館『アンテロス』」が携わっている浮き彫り状の「さわる絵」の制作といったものがそうしたものに相当していよう。カヴァッツァ盲人施設は、特殊な知見を蓄積させてきた地域の専門機関として、学校や美術館との協力関係においてきわめて重要で不可欠な役割を担っている。

column 5 アンコーナの「手で触る」オメロ美術館

イタリアの形はよく「長靴」にたとえられる。それに倣っていえば、ちょうど「ふくらはぎ」の真ん中あたりに位置しアドリア海に面した港町がアンコーナである。イタリア中部マルケ州の州都であるアンコーナは、イタリア滞在時、私の住居のあったボローニャからは、特急列車に乗れば2時間ほどで訪れることができた。アンコーナ駅を出て港に向かって左手の方向に15分ほど歩くと、海に突きだした5角形の要塞のような建築物が見えてくる、それが「手で触る」オメロ美術館である。

1993年、オメロ美術館はともに全盲のグラッシーニ夫妻によって設立された。大の旅好きだった二人は、旅先で美術館を訪れることを心から楽しみにしていたが、その当時、世界のほとんどの美術館では作品に直接手で触れて鑑賞することは禁止されていた。そんな状況に嫌気がさした二人が、いっそのこと自分たちで作品に直に触ることができる美術館をつくってしまおうと考えたのが、美術館設立のそもそもの動機だった。アンコーナ市、マルケ州、そして盲人協会の支援を得て設立されたオメロ美術館は、1999年の法律第452号に基づいて「視覚障害者の成長と文化的な統合を促し、また視覚障害者が現実についての理解を深めること」に寄与すべく、それを目的とした国立の美術館として再編された。オメロ美術館は、直接手で触れて鑑賞できる美術館として世界で唯一の国立美術館となったのである。設立当初から意図されていたのは、この美術館が「視覚障害者のためだけではなく、万人にとって心地よく生産的で障壁のない文化的な空間」として存在し続けることだった。

同美術館のコレクションは、ギリシャ彫刻をはじめとする有名な彫刻作品の複製（その多くが実物大）、現代美術のオリジナル彫刻作品、それからフィレンツェの大聖堂やローマのパンテオンといった有名建築の模型など200点ほどからなっている。これらの作品は、ギリシャ・ローマ時代に始まって、中世、ルネッサンスを経て、現代にいたるまで年代順に陳列されており、作品に手で触れながら芸術作品の流れを歴史的にたどれるようになっている。加えて、すべての作品には文字および点字による解説が付されている。

この「手で触る」オメロ美術館では、専門スタッフが付き添う視覚障害者向けの作品鑑賞ツアーはもちろんのこと、目隠しをした健常者が（子ども向け、中学生向け、大人向けツアーなどに細かく分かれている）触覚、聴覚、嗅覚などを駆使して作品鑑賞のできるツアーも用意されている。私がこの美術館を訪問した際には、両親に連れられた小学生と思しき男の子に、同館のスタッフが美術館の設立の経緯を語って聞かせているのを目にした。またその傍らでは美術館の新人スタッフだろうか、あるいは教員グループだろうか、7、8名の成人グループが、どういった手順でどのように作品に触れていくべきかといった作品鑑賞の手引き

展示された作品に実際に手で触れて鑑賞する人びと

を美術館のスタッフから指導されていた。

美術館でのやりとりを眺めながら印象深く思い浮かべたのは、6歳で視力を失いながらもこの「手で触る」オメロ美術館を設立した館長アルド・グラッシーニの言葉だった。それは「もともとオメロ美術館は視覚障害者のために生まれた。しかし、人には誰しもそれぞれが必要としているものがあり、その必要性にどうにか応えようとするうちに様々な解決策も生まれてくる。そうした異なる文化から生まれる様々な解決策が、私たち自身を豊かにしてくれる。そうやって、この美術館もあらゆる人びとに役立つ美術館になっていくのだ」というじつに含蓄のある言葉だった。

Report 10

ローマのヴァッカーリ特別小学校

——フルインクルーシブ教育のイタリアに残された特別学校——

2023年の春から始まったイタリア滞在だったが、クリスマスをトスカーナ州にある海辺の町ヴィアレッジョの友人宅で祝い、年の瀬をアパートのあるボローニャで慌ただしく過ごすうち、あっという間に新たな年が巡って来ていることに気づいた。年明けの1月の半ばには、今回の滞在では初めてミラノを訪れた。日本からやってきたイタリアの教育や福祉についての調査グループに便乗するかたちで、2泊3日の調査旅行に出かけたのだった。そして1月の末にはふたたびローマに向かった。いささか個人的な感慨を交えていえば、今回の滞在を終えてしまったら、世界にも比類のないこの魅力的な都市に、またしばらくは足を踏み入れることはないだろう、そんな一抹の寂しさを抱きながらローマの街を訪れたのだった。

フルインクルーシブ教育の国に残された「特別学校」

今回のローマ滞在の最大の目的は、ヴァッカーリ特別小学校をじっくり視察することだった。国内全土で原則としてフルインクルーシブの教育を実践しているイタリアでは、公表されている統計データによれば、障害のある子どもたちの約99・7パーセントが地域の通常の学校で学んでいる。そして、その残りの1パーセントに満たない子どもたちが通っているのが、例外的に現在でもイタリアに残されているこの特別学校である。[*1]

イタリアの特別学校のうち盲学校と聾学校については、イタリア教育省のサイトで一部の学校名のリストが公開されている。そのリストでは、北はミラノから南はナポリ、そしてシチリア島にいたるまで、イタリアには少なくとも18校の盲学校や聾学校があることが開示されている。[*2] それ以外の学校はというと（つまり日本の教育制度に

＊1　２０１８年のデータでは、イタリアでは特別な教育的ニーズがあると認められた生徒のうち０・32パーセントが特別学校で教育を受けているとされている（障害認定を受けている生徒がイタリアではおよそ30万人いるといわれているので、そのうちの０・32パーセントにあたるおよそ１０００人の生徒が、現在でも特別学校に通学していることになる）。
The EASIE 2018 dataset cross-country analysis
https://www.european-agency.org/resources/publications/european-agency-statistics-inclusive-education-2018-dataset-cross-country

＊2　イタリア教育省が公開している２０１９／２０２０年度の聾学校および盲学校の学校名リスト https://www.miur.gov.it/documents/20182/2182293/Elenco+scuole+speciali+201920.pdf/b03f205a-1e71-f2ea-0691-82ee5b706a4a?t=1562764085863

沿っていうならば知的障害児や肢体不自由児の学校に相当するものだが)、正確なデータは公表されていないものの、ミラノのあるロンバルディア州を中心に全国に数十校程度の特別学校があるといわれている。そうしたなか、今回のローマ滞在中に訪問できたのが、市内中心部にあるヴァッカーリ特別小学校だった。

ヴァチカン市国があるテヴェレ川右岸に位置するヴァッカーリ特別小学校は、2園の幼稚園、2校の小学校、1校の中学校からなる学校群「クラウディオ・アッバード」に所属する学校である。今回の調査では、生徒たちがスクールバスで登校してくる朝8時半から下校時間となる15時半まで、彼らの丸一日の活動に密着することができた。この学校での調査の最大の関心ごとはというと、ひとえに「半世紀も前にフルインクルーシブの教育に舵を切ったはずのイタリアにおいて、なぜ現在でも特別学校が存在し続けているのか」という問いに対する、自分なりの納得のゆく解答を見つけだすことにあった。

ローマの特別学校の雰囲気は……

ローマの特別学校の授業の様子

ヴァッカーリ特別小学校において、私を受け入れてくれたのは第2グループと称されるクラスだった。この学校では、クラスは年齢別には編成されておらず、第2グループには8歳～15歳までの生徒6名が所属していた。学校区分としては「小学校」に分類されるこの特別学校は、イタリアの教育制度にしたがえば本来であれば6歳～11歳までの生徒が在籍するはずである。しかし「同一の学習到達度（学習経験）を保障する」という観点から、イタリアでは現在でも実施されている「留年」制度を流用することにより、義務教育期間に当たる6歳～16歳までの生徒がこの学校に籍を置いているということだった。この学校には年齢混合のクラスが合わせて5クラスあり、各クラスには生徒がそれぞれ6名在籍しているので、学校全体でみると在校生は30名だった。ローマのこの特別学校に通う子どもたちの多くには重度の心身障害があり、その大半が車いすで日常生活を送っていた。したがって、ローマの特別学校の雰囲気はというと、ちょうど日本の肢体不自由児の支援学校の様子を想像してもらえるとよいだろう。

次にヴァッカーリ特別小学校の施設としての特徴を紹介しておこう。ヴァッカーリ特別小学校が入っているのは、半地下から4階まである建造物の2階部分だった。同じ建物の半地下には食堂や体育館、1階には事務所や図書館や大会議室、2階部分にはヴァッカーリ特別小学校と共に同じ学校群に所属する幼稚園（特別学校ではない通常の幼稚園）、3階部分には医師の診察室、病室、居住スペース、そして最上階に当たる4階部分には院長室、事務室、診察室、セラピー室（言語療法や理学療法など）などが入っていた。イタリアに残されている特別学校は、そのほとんどがこのような小規模の学校であり、それに加えて医療施設やリハビリセンターが併設されているケースが多いとされ、このローマの特別学校はまさにその典型的な学校だといえた。

学校と医療の垣根を越えた教育・支援活動

視察当日の1月29日（月）、授業の始まる8時半に教室を訪れてみると、クラスに在籍する6名のうち4名の生徒が登校してきていた。車いすで生活している重症心身障害の生徒3名と、言葉での簡単なやりとりが可能な自閉症の生徒1名だった。次ページに掲げた時間割表に示されているように、第2グループには支援教師2名とアシスタント（ローマではOEPACと呼ばれる）2名が配置されていた。ちなみにローマの特別学校で働く教師は全員が支援教師である。そして生徒の日常生活動作（ADL）を含めた自律とコミュニケーションを主にサポートするアシスタントたちは、学校の外部の機関である社会的協同組合「AISS」（「AISS」についてはレポート4を参照）から派遣されていた。

イタリアで特別学校に通う生徒は、基本的には障害が認定されている生徒ということになる。教室に掲示された時間割表に目を向けると、各生徒が週のどの時間帯にセ

第2グループ（年齢8～15歳まで混合）、生徒6名、障害認定6名

	月曜日	火曜日	水曜日	木曜日	金曜日
8:30～9:30	登校、健康チェック 集団／個人活動 ＋支援教師 2 ＋アシスタント 2	登校、健康チェック 集団／個人活動 ＋支援教師 2 ＋アシスタント 2	登校、健康チェック 集団／個人活動 ＋支援教師 2 ＋アシスタント 2	登校、健康チェック 集団／個人活動 ＋支援教師 2 ＋アシスタント 2	登校、健康チェック 集団／個人活動 ＋支援教師 2 ＋アシスタント 2
9:30～10:30	集団／個人活動 おやつ ＋支援教師2 ＋アシスタント 2	集団／個人活動 おやつ ＋支援教師2 ＋アシスタント 2	集団／個人活動 おやつ ＋支援教師2 ＋アシスタント 2	集団／個人活動 おやつ ＋支援教師2 ＋アシスタント 2	集団／個人活動 おやつ ＋支援教師2 ＋アシスタント 2
10:30～11:30	集団／個人活動 セラピー ＋支援教師2 ＋アシスタント 2	集団／個人活動 セラピー ＋支援教師2 ＋アシスタント 2	集団／個人活動 セラピー ＋支援教師2 ＋アシスタント 2	集団／個人活動 セラピー ＋支援教師2 ＋アシスタント 2	集団／個人活動 セラピー ＋支援教師2 ＋アシスタント 2
11:30～12:30	個人の自律活動 ＋支援教師2 ＋アシスタント 2	個人の自律活動 ＋支援教師2 ＋アシスタント 2	個人の自律活動 ＋支援教師2 ＋アシスタント 2	個人の自律活動 ＋支援教師2 ＋アシスタント 2	個人の自律活動 ＋支援教師2 ＋アシスタント 2
12:30～13:30	個人の自律活動 給食 ＋支援教師 2 ＋アシスタント 2	個人の自律活動 給食 ＋支援教師 2 ＋アシスタント 2	個人の自律活動 給食 ＋支援教師 2 ＋アシスタント 2	個人の自律活動 給食 ＋支援教師 2 ＋アシスタント 2	個人の自律活動 給食 ＋支援教師 2 ＋アシスタント 2
13:30～14:30	集団活動／遊びの活動／音楽活動 ＋支援教師 2 ＋アシスタント 2	集団活動／遊びの活動／音楽活動 ＋支援教師 2 ＋アシスタント 2	集団活動／遊びの活動／音楽活動 ＋支援教師 2 ＋アシスタント 2	集団活動／遊びの活動／音楽活動 ＋支援教師 2 ＋アシスタント 2	集団活動／遊びの活動／音楽活動 ＋支援教師 2 ＋アシスタント 2
14:30～15:30	リラックスの時間 下校の準備 ＋支援教師 2 ＋アシスタント 2	リラックスの時間 下校の準備 ＋支援教師 2 ＋アシスタント 2	リラックスの時間 下校の準備 ＋支援教師 2 ＋アシスタント 2	リラックスの時間 下校の準備 ＋支援教師 2 ＋アシスタント 2	リラックスの時間 下校の準備 ＋支援教師 2 ＋アシスタント 2

ラピー（言語療法や理学療法など）を受けているかが記されていた。その掲示物によると、すべての生徒が週に2〜4回セラピーを受けていることになっていた。クラスの担任に話を聞いてみると、週の中でクラスメイト全員が教室に揃う時間帯はそれほど多くはないということだった。したがってクラスでおこなわれる授業は、時間割表では大まかには決められているものの、曜日あるいは時間帯ごとに、クラスにいる生徒のメンバーや彼らの様子を見ながら柔軟に対応しているということだった。

ヴァッカーリ特別小学校　第2グループの活動の様子

生徒が登校してからしばらく彼らの活動の様子を観察していたが、クラスにいる生徒4名に対して、支援教師2名とアシスタント2名といういわばマンツーマンの指導態勢のなかで、生徒が個別に活動している場面が多く見受けられた。水分補給をしたり軽食をとったりする生徒、そして感覚遊びを続ける生徒がおり、また発語があり簡単なやりとりができる生徒に対しては、タブレットにはいっているアプリを使って英単語を声に出して発音させたり、英単語とそれに該当するイラストを一致させたりする活動がおこなわれていたりした。しばらくするとクラスにいる生徒たちが輪になって並び、輪の中に腰掛けた支援教師の一人が絵本の読み聞かせをしたり、音楽をかけてみんなで楽器を鳴らしたり、リズムに合わせて体を揺らしたりといった活動が始まった。

10時くらいになるとセラピーの時間が始まるということで、生徒の一人が支援教師に付き添われて同じ建物の4階にあるセラピー室に出かけていった。また11時くらいになると言語療法士がクラスの授業を訪れて、生徒一人ひとりの様子を確認したり、担任といろいろ相談を交わしたりする場面があった。先述のように、ヴァッカーリ特別小学校の建物には医療施設が入っているが、これらの施設は一般の人びとも利用する施設であり特別小学校とは別の機関ということになる。とはいえ、現実には学校の活動時間中に生徒たちが同じ館内の4階にあるセラピー室を訪れたり、あるいはそれとは逆に、言語療法士が特別小学校を訪問し授業に顔を出して生徒の様子を確認したりアドバイスをしたりするなど、学校と医療施設は異なる機関という垣根を越えて、絶えず横断的な教育・支援活動を展開していることがわかる。

イタリアでは障害が認定されると、対象生徒の支援のための教育・医療・福祉分野にまたがる専門職チームが組織されるが、生徒の所属先が通常の学校であれ特別学校であれ、様々なセラピー（言語療法や理学療法など）や心理士などの専門技能が活用されるケースが多くある。そして重症心身障害の場合はなおさらだが、教育と医療・福祉分野の専門職との連携は欠かすことができない。その際、同じ館内や隣接した場所に医療施設やリハビリセンターが設置されていることの多い特別学校のような機関は、ケアが必要な生徒のサポートという面で大きなメリットがある。その一方で、通常学校に通学する障害のある生徒が校外にある医療施設やリハビリセンターを活用するとなると、移動に関する問題をはじめとして、本人や保護者にとって心身ともに大きな負担となることだろうことが想像された。

医療的ケアへの対応

12時を過ぎると、クラスの生徒みんなで半地下にある食堂へ移動して給食となった。その際に校外の機関である地域保健機構から、一人の看護師が派遣されてきた。イタリアの学校現場で活動する専門職には、①教師、②教育士、③アシスタントという3

種があるが、原則としてそのいずれもが服薬の補助も含めていかなる医療的ケアもおこなえないことになっている。日本の特別支援学校では、服薬の補助はもちろんのこと、肢体不自由児の学校などでは看護師等の指導のもと、教師が一部の医療的ケアを代替する場合さえあるが、イタリアでは（緊急時の対応という場合を除いて）その一切が原則として禁止されている。そこでこの特別小学校では、昼食の時間帯になると服薬の補助を主な目的として、外部から看護師が派遣されていたのである。

ローマのこのヴァッカーリ特別小学校を視察した際、同校に在籍する生徒の中には医療的ケア（胃ろう）を必要とする者がいると教えられた。教師、教育士、アシスタントのいずれもが医療的ケアに携わることができないことを考えると、この特別学校には外部の機関から医療従事者が派遣されているはずである。その一方で、イタリアの通常学校ではこうした医療的ケア児への対応は必ずしも標準的な措置になってはいない。そのため、特別学校が希望されるのは、医療機関との緊密な連携が理由になっていることもあるのだろう。日々、定時に巡回にやってくる看護師がいること、そして異なる機関であるとはいえ同じ館内に医療や福祉の専門職が勤務しているということは、生徒本人や保護者にとって大きな安心材料となっている。ローマの特別学校を視察して実感できたのは、生徒6名に対して支援教師2名・アシスタント2名が配置されているという教育・支援体制の手厚さ、言語療法や理学療法といったセラピーを受けるためのアクセスのよさ、そして服薬を含めた医療的ケアを受けるための看護師等の配置といった十全なシステムの整備そのものだった。

半世紀も前にフルインクルーシブの教育に方向を転換したイタリアでは、障害のある当事者もそしてその家族も「誰もが通常学校で教育を受ける権利をもっている」ことを十分に理解しており、そうした認識が社会の中に浸透している。しかし、今日でもイタリア社会には一定数の特別学校が残されており、こうした学校が障害のある当事者や保護者から今でも選択されているという現実は、一方で通常の学校における重度の心身障害のある生徒たちへの教育的配慮の不足、そして支援体制の不備や不徹底さを表しているともいえるだろう。イタリアの教育が文字通りの「フルインクルージョン」の教育であると言いうるためには今後どのような学校改革が必要なのか。イタリアの教育に突き付けられた大きな課題の一つといえるだろう。

特別学校でも共有される「インクルージョンの原則」

最後に触れておきたいのが、ローマの特別学校にも共有されている「インクルージョンの原則」についてである。先にも記したようにこのヴァッカーリ小特別学校は、学校群「クラウディオ・アッバード」を形成する学校の一つである。今回の視察中に聞き取り調査をおこなったかぎりでも、同じ学校群に属し同じ館内にあるヴァッカーリ幼稚園、そして特別学校から徒歩で10分の距離にあるピステッリ小学校（レポート6を参照）などとは様々な交流活動が実施されており、今後の交流も考えられているということだった。同じ建物内の同じフロアーにあるヴァッカーリ幼稚園とヴァッカーリ特別小学校は、児童・生徒も教員も日頃から挨拶を交わす関係にあり、生徒の中には同じフロアーにある幼稚園から特別小学校に進学する者もいるということだった。また具体的な交流活動の成果として、生徒たちの「手形」でつくったアートの作品が廊下に掲示されていることを教えられた。ピステッリ小学校の生徒たちがヴァッカーリ特別小学校を訪れて共同制作した作品だということだった。

また今回受け入れてもらった第2グループのクラスに在籍している自閉症の生徒については、保護者の意向でヴァッカーリ特別小学校に入学してきたが、通常の学校で健常の子どもたちと一緒に学校生活を送るほうが望ましいと思われるため、担任としては転校を促していく考えであるということも教えられた。イタリアでは、特別学校という学校は存在していても、あくまでもインクルージョンが原則であり、特別学校はイタリアの通常学校の指導体制や制度的な不備を補完する場としてあくまでも補助的な役割として存在しているというのが、一人の担任による位置づけだった。

Report 11

イタリアの高校《リチェオ》で学ぶ

障害のある生徒たち

——フィレンツェのL科学高校とトリエステのC言語高校——

イタリアの教育制度では、高校は専門性の違いによって、Liceo《リチェオ》と呼ばれる高校とIstituto《イスティトゥート》と呼ばれる高校とに大別される。どちらの高校も5年間の課程で、そのうちの2年生までが義務教育期間となっている。リチェオには古典高校、科学高校、言語高校、芸術高校、音楽高校などがあり、今日では、これらの高校を選択する学生たちの大部分が、美術学院や音楽院を含めて大学に進学してゆくことになる。一方、イスティトゥートには技術高校と職業高校があり（「職業高校」についてはレポート7を参照）、在学中は実践的・実務的な経験を積むことに重きが置かれている。もちろんイスティトゥートを卒業しても大学への進学は可能である。本稿では、こうしたイタリアの高校について、友人が勤務している縁で訪問できた、イタリア中部に位置するルネサンスの街フィレンツェの科学高校と、イタリア北東部にある国境の街トリエステの言語高校の事例を紹介することにしよう。

フィレンツェの科学高校で学ぶ障害のある生徒

フィレンツェのL科学高校の4年生22名で構成されているクラスには、障害が認定されている生徒1名（以降この生徒を「Vさん」と表記）が在籍していた。クラスに配置されている支援教師の話によれば、Vさんは自閉症スペクトラムと診断されており、「知的には大きな遅れはないものの対人関係に課題があり、不安感が強く、周囲の状況を適切に把握するのが困難な生徒である」ということだった。私が授業を見学した際にも「本人に不安を与える恐れがあるので、彼のそばに長い時間立ち止まって観察するのは避けてほしい」と前もって忠告を受けていた。他者を受け入れるのに時間がかかるため、昨年度まではVさん自身にも支援教師が配置されていることを告げることができず、クラス全体のサポートに当たるという建前で、彼への支援も合わせおこなっていたということだった。したがってVさんに対しては、学習面のサポートはもちろんのこと、それに加えてクラスメイトとの良好な関係づくりに配慮することも支援教師に課せられた重要な任務となっていた。

ところでイタリアの学校制度では、障害が認定された生徒がいると、専門職チームが作成する個別教育計画に基づいて教育がおこなわれるが、その対象生徒が大学の入学に必要な高校卒業資格の取得を望むとなると、越えるべきハードルが二つある。一つ目のハードルは、通常のカリキュラムあるいは必要に応じて簡略化されたカリキュ

教師２名体制で行う授業　手前が支援を受ける障害のある生徒

ラムを修了すべきことである。二つ目のハードルは、高校を卒業する年に実施される「マトゥリタ（Maturità）」と呼ばれる全国統一テストを受験し、それに合格することである。障害が認定された生徒がこの試験を受験する場合には、もちろん障害の実態に応じて様々な配慮がなされたり（数日間の筆記試験および口頭試験に臨むにあたり、健常者とは別の試験問題が用意されたり試験時間が延長されたりする）、別の採点基準が設けられたりするが、ともあれ「マトゥリタ」に合格する必要があることには変わりはない。

さて、Ｖさんが参加していた実際の授業の様子はどうだったのだろうか。フィ

フィレンツェL科学高校4年生、生徒22名、障害認定1名

	月曜日	火曜日	水曜日	木曜日	金曜日	土曜日
8:10〜9:10	イタリア語＋支援教師1	歴史／哲学＋支援教師1	科学＋支援教師1	数学	科学＋教育士1	英語
9:10〜10:10	物理＋教育士1	科学＋教育士1	歴史／哲学＋支援教師1	数学＋教育士1	科学＋支援教師1	数学＋支援教師1
10:10〜11:10	宗教＋支援教師1	デザイン／美術史＋支援教師1	英語	情報＋支援教師1	物理	イタリア語
11:10〜12:10	英語＋支援教師1	デザイン／美術史＋支援教師1	数学	科学	イタリア語	歴史／哲学
12:10〜13:10	歴史／哲学＋支援教師1	運動＋教育士1	情報	物理＋支援教師1	イタリア語	
13:10〜14:10		運動＋教育士1				

レンツェのL科学高校で見学できた数学の授業は、数学教師と支援教師との2名体制で進められていた。授業時間の大半は、支援教師がVさんの脇に腰かけてサポートをしていたが、彼が自分自身でプリント学習を進めている時間帯には、支援教師は数学教師と共にクラスを歩きまわって、クラスの生徒一人ひとりの理解度を確認したり、必要な助言をしたりしていた。

Vさんは、数学の授業は簡略化されたカリキュラムで学んでいた。取り組んでいたプリントを見せてもらったが、彼用に配布されたプリントは、通常のプリントと比べて問題数が7割程度に抑えられ、問題の難易度も下げられていた。以前はいわゆるリソースルーム（個別に学習を支援するためのスペース）を活用してVさんに対して個別の授業が実施されることもあった。しかし現在では、Vさんはクラスで過ごすことにも慣れ、この数学の授業のような体制で、支援教師のサポートを得ながらクラスメイトと一緒に授業に参加するのが常になっていた。この授業では、支援教師と数学教師がそれぞれVさんの実態を的確に把握し、両教師が巧みに連携して役割を分担し合っていた。支援教師は生徒の傍らで学習面および精神面のサポートをおこない、数学教師は2種類の難易度のプリントを準備して授業全体を組み立てていたわけである。私には2人の教師による適切な支援によって、クラス内にインクルーシブな学習環境が整えられている好事例だと思われた。

その一方、同じフィレンツェのL科学高校では、クラスメイトと一緒に授業に参加する機会が非常に限られた生徒（以降この生徒を「Aさん」と表記）にも出会った。同校の5年生に在籍する重度の知的障害のあるAさんのケースである。発語はほとんどなく、日常的な生活基本動作についても多くの場面で介助が必要で、日中はオムツで過

フィレンツェL科学高校5年生、生徒22名、障害認定1名

	月曜日	火曜日	水曜日	木曜日	金曜日	土曜日
8:10 ～9:10	イタリア語／ラテン語	科学	数学・物理	デザイン／美術史	科学	イタリア語／ラテン語
9:10 ～10:10	イタリア語／ラテン語	英語 ＋支援教師1	数学・物理 ＋支援教師1	デザイン／美術史 ＋支援教師1	数学・物理	歴史／哲学
10:10 ～11:10	運動	歴史／哲学 ＋支援教師1	運動 ＋支援教師1	イタリア語／ラテン語 ＋支援教師1	数学・物理	英語
11:10 ～12:10	英語	イタリア語／ラテン語 ＋支援教師1	歴史／哲学 ＋支援教師1	数学／物理 ＋支援教師1	イタリア語 ラテン語	数学／物理
12:10 ～13:10	科学	数学／物理 ＋支援教師1	歴史／哲学 ＋支援教師1	歴史・哲学 ＋支援教師1	イタリア語 ラテン語	
13:10 ～14:10		宗教				

ごしている生徒だった。上に掲げた時間割表によれば、Aさんが学校に登校してくるのは火曜日～木曜日の週に3日、しかも特定の時間帯だけだった。彼が学校にいるあいだはすべての時間帯に支援教師が配置されていた。それ以外の曜日はというと、言語療法士のセラピーを受けたり、デイケアセンターで日中を過ごしたりしているということだった。保護者と会話ができる機会があったので、大学進学者の多い高校への進学を決めた理由を尋ねてみると、「シングル

マザーとして子育てをしているという家庭の事情から、本来であれば、芸術高校への進学が望ましかったと思うが、自宅から近く送り迎えがしやすいのでこの科学高校を選択することにした」との説明を受けた。

Aさんがクラスメイトと一緒に授業に参加するのは、美術と運動の時間が主だった。彼がクラスの活動に参加する際には、支援教師がパソコンかタブレットを教室に持ち込んで、動画や写真などを提示して授業の理解を補っていた。Aさんが学校にいるあいだ、多くの時間を過ごしているのはリソースルームだった。支援教師の話では、リソースルームで授業をおこなう際には、クラスの授業となるべく関連づけた活動をおこなうように心掛けているとのことだった。たとえばクラスでおこなわれている授業が数学であれば、Aさんとは個別に数や図形に関する授業をおこなうなどの工夫をしていた。実際にリソースルームでは、厚紙でつくった円柱や四角柱などを組み合わせて、支援教師とAさんが一緒に制作した作品を見せてもらうことができた。ほかには実生活に役立つお金の使い方を学ぶために、校内にある自動販売機やバール（イタリア式のカフェ）で買い物の練習を継続しておこなっているということだった。

友人の支援教師の話では、イタリアの高校《リチェオ》に障害のある生徒が在籍するとなると、彼らへの支援に大きな問題があるということだった。重度の障害のある生徒がリチェオで学んでいる場合はなおさらということだった。というのは前述のようにイタリアの学校制度では、高校に進学する際にリチェオとは別にイスティトゥートと呼ばれる技術高校や職業高校を選ぶことができるが、実際に、重度の障害のある生徒は技術高校や職業高校を選ぶことが多く、大学への進学を前提としたリチェオで学ぶケースは稀である。そのため、リチェオで学ぶ障害のある生徒に対して加配される支援教師の数は、同じ学校に在籍する各教科の教師に比べて少ない。この度調査をおこなったフィレンツェのL科学高校の場合でいえば、各教科の教師の数は常勤と非常勤を合わせて全体で100名を超えていたのに対して、支援教師の数はわずか8名だけだった。加えてイタリアでは、教師は自分自身があえて希望しないかぎり学校を異動する必要がないため、リチェオにいったん常勤職として着任してしまうと、各教科の教師がクラスに重い障害のある生徒を抱えながら授業をおこなうことはそれほど多くはない。それゆえ、そうした生徒への支援や配慮は十分にはなされず、サポートに関わる責任は支援教師に丸投げにされてしまう場合が少なからずあるとのことだった。各教科の教師と支援教師との連携体制が適切に構築されず、教育的ニーズのある生徒への配慮が十分にされないとなると、当然ながらそうした生徒が授業に参加するのが難しくなるケースも生じるだろう。障害のある生徒が必要以上にリソースルームで過ごす時間が増えてしまうのは、彼らに対する教師間の連携不足が招いた一つの帰結ともいえる。イタリアではしばしばこうした声を耳にするので、これは多くのリチェオが抱えている普遍的な課題だといえそうである。

トリエステの言語高校で学ぶ障害のある生徒

トリエステのC言語高校では、この1年間のイタリア滞在の中で出会ったもっとも重度の障害のある生徒（以降この生徒を「Sさん」と表記）が学んでいた。この高校で学んでいるSさんは、腹部に小さな穴を開けてチューブを通して栄養を注入する「胃ろう」と呼ばれる医療措置によって生活している生徒だった。いわゆる医療的なケアが必要な生徒になるが、イタリアの学校では授業に参加している教師、教育士、アシスタントといった専門職のいずれもが服薬の補助を含めて一切の医療的ケアをおこなえ

医療ケア児のSさんが中国語の授業に参加する様子

ないため、次のページの時間割表に示されているように、すべての時間に医療的ケアを担う看護師が配置されていた。Sさんのいるクラスでは丸2日間にわたって観察をおこなったが、実際に30分～1時間に1度ほどの間隔で、看護師によって「胃ろう」による栄養剤の注入や「痰の吸引」といった処置がおこなわれていた。

Sさんがこの C 言語高校で学ぶにあたっては、他にも様々な支援や配慮が講じられていた。イタリアの教育制度では、障害のある生徒が在籍するクラスの定員は、原則として最大で20名となっている。しかし、Sさんのいるク

トリエステC言語高校４年生、生徒10名、障害認定1名

	月曜日	火曜日	水曜日	木曜日	金曜日
8:00 ～9:00	イタリア語 ＋支援教師1 ＋看護師1	数学 ＋支援教師1 ＋看護師1	美術史 ＋支援教師1 ＋看護師1	数学 ＋支援教師1 ＋看護師1	中国語 ＋支援教師1 ＋看護師1
9:00 ～10:00	イタリア語 ＋教育士1 ＋看護師1	物理学 ＋教育士1 ＋看護師1	イタリア語 ＋支援教師1 ＋看護師1	生物学／ 化学 ＋支援教師1 ＋看護師1	スペイン語 ＋専門言語教師1 ＋教育士1 ＋看護師1
10:00 ～11:00	生物学／ 化学 ＋支援教師1 ＋看護師1	中国語 ＋教育士1 ＋看護師1	歴史 ＋支援教師1 ＋看護師1	中国語 ＋教育士1 ＋看護師1	美術史 ＋支援教師1 ＋看護師1
11:00 ～12:00	宗教 ＋看護師1	中国語 ＋専門言語教師1 ＋支援教師1 ＋看護師1	スペイン語 ＋支援教師1 ＋看護師1	哲学 ＋支援教師1 ＋看護師1	イタリア語 ＋支援教師1 ＋看護師1
12:00 ～13:00	歴史 ＋支援教師1 ＋看護師1	運動 ＋教育士1 ＋看護師1	哲学 ＋支援教師1 ＋看護師1	スペイン語 ＋教育士1 ＋看護師1	物理学 ＋支援教師1 ＋看護師1
13:00 ～14:00	英語 ＋支援教師1 ＋看護師1	運動 ＋教育士1 ＋看護師1	英語 ＋専門言語教師1 ＋教育士1 ＋看護師1	スペイン語 ＋教育士1 ＋看護師1	英語 ＋支援教師1 ＋看護師1

ラスは彼の安全面等への配慮からわずか10名で編成されていた。またSさんは車いすで生活をしているため、非常時に備えて教室は1階の出入り口近くのものが用意されており、教室の隣には彼が使用できる小部屋も確保されていた。

イタリアに残されたごく少数の特別学校の例を除いて（「イタリアの特別学校」についてはレポート10を参照）、通常学校の授業のすべてに看護師が配置されるといった十全な配慮策が講じられるケースは、イタリア全土を見回してもそれほど多くはないだろう。それでは、こうした行き届いた学習環境は一体どのようにして整えられたのだろうか。インタビューに応じてくれたSさんの保護者の話では、「こうした学習環境は、長年にわたって役所や医療・福祉機関と粘り強く交渉を続けた結果として、ようやく数年前に勝ち取ることができたものです。小学校のときは本人の体調が安定していなかったため、学校に通うこと自体が容易ではなかったのですが、欠席もなく学校に来られるようになってからは、しばらくは私が学校の授業に付き添っていたこともありました。1週間すべての時間に看護師が配置されるようになったのは、ここ数年のことなんです」ということだった。「どれほど重い障害があっても、我が子にも他の子どもたちと同じように地域の通常の学校で学ぶ権利がある、こうした信念のもと権利を主張し続けてきたんです」と教えられた。ちなみに「「すべての子どもに地域の通常の学校で学ぶ権利がある」という考え方は、今ではイタリアに浸透していますが、実際に重度の障害がある場合には、学習環境が整えられるまでに相当な時間や労力がかかるため、保護者が途中で諦めてしまうケースも多いんです」と話していたことが印象深かった。

イタリアの言語高校では、生徒たちは複数の言語を学ぶのが通例で、障害のあるSさんも英語とスペイン語と中国語の三つの外国語を学んでいた。実際に中国語の授業の様子を観察してみたが、彼は支援教師と看護師に付き添われながら、手を自由に動かせない替わりに視線で入力が可能な特殊なタブレットを用いて授業に参加していた。授業ではクラスメイトと一緒に発表をする場面もあったが、Sさんが読みやすいようにと、クラスメイトが発表内容を大きな文字でホワイトボードに記して手助けをおこなっていた。こうした様子を見るにつけ、Sさんも交えた協同学習が日常的に当たり前のようにおこなわれていることが想像できた。

知的障害のあるSさんにとっていささか難易度の高い授業がおこなわれているときには、彼は教室の隣にあるスペースで支援教師とマンツーマン態勢で勉強をしていた。

Sさんの発音は明瞭とはいえないため、正直なところ私には聞き取り難いことも多かった。しかし、日頃から指導を受けている支援教師や教育士とのあいだでは、Sさんは授業内容が表示されたタブレットを見ながら、会話も交えつつそれなりにスムーズに数学や歴史の授業が進められていた。授業の休憩時間に「日本から来てイタリア中の学校を見学してまわっているんだよ」と私が自己紹介をすると、「「わたしは勉強が好きです」というのは、日本語ではなんて言うの?」と尋ねられる場面もあり、Sさんは非常に知的好奇心に溢れた生徒であると印象づけられた。

C言語高校の見学を終えた帰途、トリエステから住まいのあるボローニャへと向かう列車内で1日の記録をパソコンで打ち直しながら、「あと1年で高校は終わりなんだ」と寂し気に語っていたSさんの言葉を思い出した。障害者権利条約第24条の「教育」の項目には「障害者が障害に基づいて一般的な教育制度から排除されない……」と記されている。この一節をよりどころにして保障されている障害者のもつ「通常の学校で学ぶ権利」の重さを私は改めて考えていた。

Report 12

アッシジ盲学校を支える二つの専門機関

2023年の4月から1年間の予定でボローニャに住み、南はローマやサルデーニャ島から北はトリエステまで、息つく暇もなく「フルインクルーシブ教育の現場」の学校をあちこち訪ね歩いてきた。日本への帰国が翌週に迫っていた3月半ば、イタリア中部ウンブリア州のアッシジへ1泊2日の最後の調査旅行に出かけた。アッシジは、静謐な雰囲気に包まれた中世都市の街並みが手つかずのまま保存され、聖フランチェスコ生誕の地として世界にその名を知られた巡礼の町である。

今回のフィールドワークの3カ所の訪問先は、小高い丘の上に聳える町のシンボル聖フランチェスコ教会を南側から見上げる位置にあった。敷地の総面積は4万平方メートルばかりあり（一辺の長さが200メートルの正方形の面積に相当）、その中に本館を中心に3、4階建ての建物群が回廊状に縦横に入り組みながら建っていた。まず初めに訪れたのが、敷地の中央にある「セラフィコ」の本館だった。*1

セラフィコの設立は1871年だが、現在の本館は1940年に建設されたものである。調査2日目の午前中に訪れたのが、セラフィコ本館の4階部分に設置されている「アッシジ盲学校」であり、調査の最後に訪れたのが「視覚障害教育支援センター」だった。セラフィコの本館に隣接して2棟の住居棟があるが、その脇にあるのが「視覚障害教育支援センター」だった。今回の調査で訪れた「セラフィコ」、「アッシジ盲学校」、「視覚障害教育支援センター」という三つの機関は、制度上はそれぞれ独立した組織ではあるが、同じ敷地内に共存していることからもわかるように、実際には相互に連携をとり合う密接な関係をもつ機関として機能していた。

セラフィコ

最初に訪れた「セラフィコ」は、ホームページでは、「聴覚・視覚障害者のための非営利のキリスト教組織で、身体障害、精神障害、感覚器官の障害を有する人たちがリハビリ、心理教育、ソーシャル・ヘルスケアに取り組む施設である」と紹介されている。施設の責任者であり精神科医でもあるサンドロ・エリゼイ氏によると、セラフィコは国民保健サービスによって運営されている機関だが（イタリアの公的な医療施設と同

＊1　セラフィコのホームページ　https://www.serafico.org/

じく利用は無料)、世界的に有名な巡礼地に設けられていることもあり、毎年日本円に換算すると数億円にものぼる寄付が世界中から集まるということだった。その潤沢な資金をもとに、この施設では200名近くもの医療・福祉分野の専門スタッフ(医師、看護師、各療法士、医療分野の教育士、ケースワーカーなど)が雇用されていた。そして館内には、最先端の医療機器が備え付けられているほか、リハビリのためのスペース、理学療法や音楽療法といった各種セラピーをおこなうスペース、スヌーズレン・ルーム(光・音・匂い・振動などで感覚刺激をおこなうための部屋)、プール、体育館、陶芸などの手作業をおこなう工房といった様々な設備が完備していた。

日本の制度に即していえば、セラフィコは病院、療育センター、リハビリテーションセンター、デイケアセンター、グループ・ホームなどを併合したような複合的な施設である。2024年からは外来リハビリテーションセンターとして一般にも開放されるようになったが、従来は居住型および通所型の施設として活用されてきた歴史がある。公開されているデータによれば、現在も居住者86名そして半居住者兼通所者66名の合わせて152名がこの施設を継続的に利用しており、その内訳は、0歳〜18歳までが55名、19歳〜30歳までが49名、30歳以上が48名ということだった。

「聴覚・視覚障害者」のための組織と銘打たれてはいるが、聴覚あるいは視覚に障害のある利用者の全体に占める割合は半分ほどに過ぎなかった。さらに細かく利用者のデータを見てみると、全体の9割以上が複数の障害を併せもった人たちであることがわかる。利用者の半数以上に重度の知的障害があるほか、染色体異常に起因する障害を有する人、脳性麻痺などによる肢体不自由の人、てんかん発作を抱えている人などがいるということだった。エリゼイ氏の説明では、現在この施設で暮らしている86名の中には、非常に重い障害や強度行動障害のある人などが多く含まれており、家庭で十全な治療や支援をおこなうことが困難であるため、入所をして治療やリハビリをしたり、あるいは学習にも励んでいたりするということだった。セラフィコで暮らしている86名のうち学齢期の子どもたちは、それぞれの障害の実態に応じてこの施設から学校に通学していた。

ところでイタリアでは、1960～70年代にかけて精神医療の分野を嚆矢として、精神障害者を隔離的な施設から解放する「脱施設化＝脱制度化」の運動が開始された。その一つの成果が1978年に成立した通称バザーリア法であり、この法律によって精神病院の廃絶が進められたことが知られているが、この「脱施設化＝脱制度化」の流れは、隣接する領域である福祉や教育の世界にも広がっていた。そして、ほぼ時期を同じくして1970年代の後半には、教育の分野では特別学級や特別学校を廃止する方針が打ち出され、それ以降のインクルーシブ教育にもつながる分離教育から統合教育への大々的な方向転換への道が開かれた。こうした大きな社会変動の背景に共通してあったのが、「脱施設化＝脱制度化」の原理だった。今日にいたるまで精神医療や教育に関連する分野では、この原理が厳守されるべき基本的な原則となっている。

イタリアの社会福祉の分野を見てみると、たとえば2001年の「養子里親法」改正により、定員12名以上の大規模の居住型児童福祉施設を小規模の家族的コミュニティ（イタリア語でComunità《コムニタ》）に再編する改革が打ち出されている。そして2009年の時点で、児童福祉施設における「脱施設化」は、ほぼ達成されたと評価されている。セラフィコ内にある居住型児童福祉施設の「居住型の大規模施設」という側面についてだけ言うなら、この施設もまた断行されるべき「脱施設化」を免れないのではないかともいえるだろう。そこで施設の責任者に対して「イタリアでは、大規模な居住型の福祉施設は「脱施設化＝脱制度化」の運動が推し進められるなかで、廃止あるいは縮小化されたのではないか」という質問を投げかけてみた。すると、その回答は「セラフィコは、子どもたちを含めた利用者が、治療やリハビリに取り組むことを主な目的とした施設であり、一部の利用者が敷地内にあるアパートで生活を送っているのは、継続的な治療をおこなうための一時的な措置である」というものだった。

ホームページによれば、セラフィコの敷地には本館に隣接して2棟の住居棟が設けられている。住居棟の1階部分は中庭つきの共用リビングスペース、2階以上が特定の活動のための部屋および寝室になっている。この2棟の住居棟には現在86名の利用者が暮らしているが、そのうちの82床は7つの居住ユニットに分割されているという（残りの4床については、半居住者兼通所者用という扱いになっているのだろうか、そのあたりは不明である）。外見からは施設は大規模に見えるが、各居住ユニットの居住者数は12名未満となっている。定員12名以上の居住型児童福祉施設の閉鎖を定めた「養子里親法」にも抵触しないように、セラフィコにある居住スペースは、制度上はあくまで小規模の居住ユニットの集合体として構想されているらしいことが想像できた。制度と実態にはいささか乖離があるようにも聞こえたが、いかがだろうか。

アッシジ盲学校

調査2日目に訪れたのは、セラフィコ本館の4階部分に設置されているアッシジ盲学校[*2]だった。原則として国内全土でフルインクルーシブ体制の教育を実施しているイタリアでは、レポート10で紹介したローマのヴァッカーリ特別小学校と同じく、アッシジ盲学校もまた例外的に残された特別学校の一つとなっている。セラフィコの館内には、6歳~11歳までの子どもたちの通う小学校と11歳~14歳までの子どもたちの通う中学校があり、この2校で学校群（「学校群」についてはレポート6を参照）を形成している。小学校にはそれぞれ3~4名からなるクラスが7クラスあり、小学校に在籍する生徒数は全体で27名となっていた。一方で、中学校は定員4名のクラスが4クラスあり、生徒数は全体で16名だった。アッシジ盲学校学校群は、小学校と中学校を合わせて全体で11クラス、総生徒数は43名という小規模のものだった。

「盲学校」とはいっても視覚になんらかの障害のある生徒はごく一部で、その他の子どもたちは重度の知的障害、自閉症、行動障害、身体障害などを抱えていた。子どもたちの多くが車いすで生活していたので、彼らの行動の様子、校内の設備、車いすでも移動しやすい広い廊下のつくりなど施設内の様相からみて、アッシジ盲学校は日本の肢体不自由児の支援学校の雰囲気に近いと感じられた。ここでの仕事に従事している教師たちに話を聞いてみると、この学校が受け入れているのは基本的に重度の障害をもつ子どもたちで、彼らのほとんどがスクールバスで通学しているということだった。もっとも遠くから通学している者は、40キロ離れた地区から通ってきていた。

セラフィコとアッシジ盲学校は、制度上はまったく別の機関だと前置きしたうえで、教師たちからは、「盲学校の小学校の生徒2名と中学校の生徒1名の合わせて3名は、家庭での支援が困難だという理由から、セラフィコで入所生活を送りながら、日中はアッシジ盲学校で教育を受けている」と教えられた。

アッシジ盲学校の小学校に関していえば、この学校に所属する教師は、すべてが障害についての専門的な技能や知識を備えた支援教師であるということだった。イ

＊2　アッシジ盲学校のホームページ　https://icciechiassisi.edu.it/

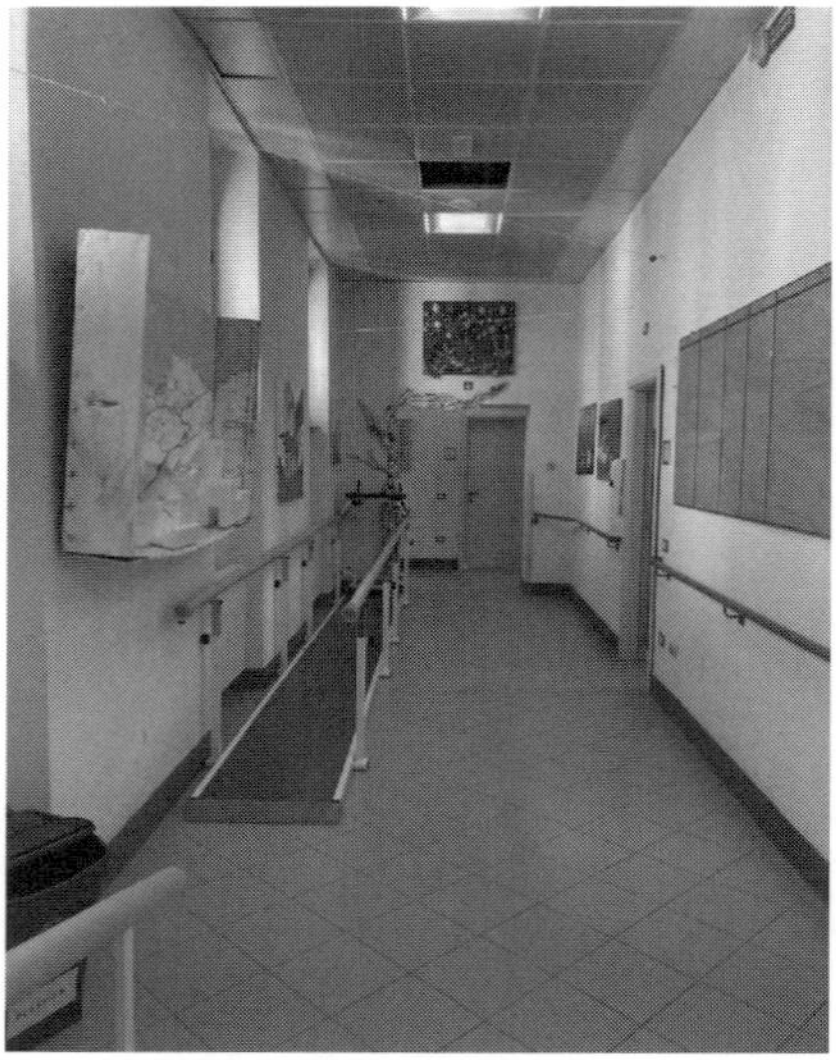

セラフィコ館内の広い廊下

タリアの教育制度にしたがって、支援教師は障害のある生徒一人ひとりに個別教育計画を作成するが、その際にはGLOと呼ばれる支援のためのオペレーティング・グループが組織される。通常はGLOには学校に所属する教師のほか、地域保健機構（イタリア語でAUZLもしくはASL。レポート4の注3を参照）に所属する医師や療法士、そして社会的協同組合に所属する教育士やアシスタントが参加することになっている。しかしアッシジ盲学校のケースではGLOのメンバーには同じ館内にあるセラフィコの専門スタッフ（医師や各療法士など）が名を連ね参加しているということだった。

この学校では通常授業がおこなわれるのは8時半から16時くらいまでで、授業は支援教師と日常生活の自律支援やコミュニケーションのサポートを担う「自律とコミュニケーションのアシスタント」が担当していた。3～4名の生徒のクラスには、支援教師1名とアシスタント1名が配置されるのが標準的のようだった。観察したかぎりでは、クラスは非常に小規模だが、一人ひとりの生徒が非常に複雑な障害や強度行動障害を抱えているため、同じクラスで時間を過ごしながらも、個々に応じたプログラムを実施することが多いようだった。ホームページによれば「本校では各教科の学習は、六つの学習領域（基本的な行動の領域、運動・随意運動の領域、コミュニケーション・人間関係の領域、実践的・作業的な活動の領域、認知的な活動の領域、リズム・音楽的な領域）によって代替できる」とされていた（国語や算数といった教科の勉強をする代わりに、別に定められた学習がおこなえること）。ここで言う「学習領域」とは、日本の特別支援学級や特別支援学校でいうところの「自立活動」に当たるものと捉えておけば大きな間違いはないだろう。

また、学校がリハビリやセラピーが受けられる施設内に設置されているという大きなメリットを活用して、生徒たちの日中の授業には、言語療法や理学療法や作業療法といったセラピーを受ける時間が数多く組み込まれていた。加えて、セラフィコの本館内にあるプールや体育館などの設備も授業の一環として自由に利用できるということだった。

リハビリ施設の中に設置されていて、また小学校と中学校の特別学校2校だけで学校群を形成しているアッシジ盲学校だが、ここでもイタリアの教育の大原則となっている「インクルージョンの原則」に基づいていくらかの配慮がなされていた。聞き取り調査によると、近隣の小学校や高校と度々インクルージョンのためのプロジェクトを実施しているということだった。校内の廊下の踊り場には『竪琴プロジェクト（Progetto《プロジェット》 Arpa《アルパ》）』という共同プロジェクトの様子が写真などで掲示されていた。様々な年齢の子どもたちが一緒に授業を受けたり、森の中の動物園にみんなで訪れたりしている写真、さらに活動の様子を漫画にしたものなども貼り出されていた。盲学校と近隣の学校の生徒たちとで共同で演劇プロジェクトをおこない、長い時間をかけて練習し、保護者たちの前で披露したこともあるということだった。同校の学校長に意見を求めると、「これからも近隣の学校とインクルージョンの輪を広げていくことを考えている」ということだった。

視覚障害教育支援センター

アッシジ滞在の最後に訪れたのが、セラフィコと同じ敷地内にあるアッシジ視覚障害教育支援センターだった。[*3] この支援センターは、以前はセラフィコの本館内に設置されていたが、現在は同じ敷地内の独立した建物の中にあった。一般的な家族の住居ほどの広さで、ここでの業務を担当しているのは責任者を務めているフランチェスカ・ピッカルディ氏一人だった。

視覚障害教育支援センターは、各学校が連携している校外の専門機関の一つで、イタリア国内の21カ所に設置されている。シチリア島やサルデーニャ島といった島嶼部にも設置されており、21カ所のセンターでイタリアのほぼ全域をカバーできるようになっている。視覚障害教育支援センターが担う活動の目的は、一般的に、①教師などの教育者が、視覚障害児の潜在能力や限界を臨床的・教育学的に正しく評価できるよ

＊3　アッシジ視覚障害教育支援センターのＨＰ　https://www.prociechi.it/cct-assisi/

うになることにより、視覚障害児が何を必要としているかについての理解を向上させること、②家庭でも学校でも視覚障害児の特性と視覚障害の特徴を踏まえて教育計画を立てられるようにすること、③最適な教材の選択ができるよう指導をすること、などとされている。

アッシジの同センターの活動についてピッカルディ氏に聞いたところ、教育的な支援を請け負っているのはウンブリア州に住む学齢期の子どもたち約90名、それに加えて学齢期を過ぎても継続的に支援をしている視覚障害者が50名ほどいるということだった。今回のイタリア滞在中にサルデーニャ島の視覚障害教育支援センターで調査をおこなったときも、支援を請け負っている子どもの数はおよそ100名だった。したがって、視覚障害教育支援センターについては、全土に配された21カ所のセンターが、おそらく各々100名程度を担当していると考えてよいだろう。

ピッカルディ氏の話では、アッシジの視覚障害教育支援センターがおこなっている実際の活動の3本柱は、①学校などで視覚障害児を受け持っている支援教師のサポート、②視覚障害児とその家族のサポート、③視覚障害教育のための教材の貸し出し、ということだった。建物の1階部分の作業スペースには、ブライユ点字で入力が可能なパソコン、テキストを拡大して表示したり音声で読み上げたりすることができる拡大読書器といったサポート機器が所狭しと並べられており、壁面に設置された棚には点字が施されていたり、レリーフ状になっていたりする触察教材などがびっしり詰まっていた。ピッカルディ氏は、同センターを訪ねてくる視覚障害の当事者やその家族に対して、サポート機器を一緒に使いながらその使用方法を説明したり、触察教材にある点字や凹凸に手を当てながら、情報を正しく読み取るための手指の動かし方を指導したりしているということだった。

これらに加えて、ピッカルディ氏が携わっている重要な活動の一つに、大学における視覚障害教育の促進があった。実際、彼女はペルージャ大学の支援教師養成コースに設置されている視覚障害教育の講座を担当している。その講座では、より実践的な内容として、視覚障害者と実際に関わる際に必要とされることのあるブライユ点字も教授していた。時間的制約のある大学の授業で教えられることは限られているが、支援教師の養成講座の一環として点字教育の初歩に触れておくことで、学校現場などでいつ視覚障害者と関わりをもつことになってもよいように、最初のきっかけづくりをしているということだった。

今回のアッシジ滞在では、セラフィコ、アッシジ盲学校、視覚障害教育支援センターという三つの機関を訪ねて調査を実施した。施設を見学した際に何度か話題にものぼったように、なるほどこの三つの機関は、制度上は確かにそれぞれが独立した機関となっている。しかし、隣接する場所に設置されたこれらの機関の関係性について、アッシジ盲学校を中心に置いて考えてみると、その機能のあり方がよく見えてくる。つまり、盲学校の機能やそこに勤務している教師たちがもつ知見や技能だけでは確保し難い専門性が、セラフィコと視覚障害教育支援センターという二つの高度に専門化された機関を介することで補完されているのである。その一方で、アッシジ盲学校を含めた特別学校が、フルインクルーシブ体制下のイタリアでも今なお存在し続けているという事実は、上述してきたように通常学校において専門性を有したスタッフを確保することの難しさを物語るものでもある。イタリアに残された特別学校が、通常学校における重度障害児の受け入れをめぐる難しさを補う機能も果たしているからである。フルインクルーシブ教育における重度障害児の支援という難題にどう対処するかという点で、イタリアに残された特別学校は示唆に富む試金石のごとき存在だといえるだろう。

column 6

精神科医フランコ・バザーリアと歩んだイタリアの精神医療改革
——ミケーレ・ザネッティとの対話

トリエステはイタリアの北東端に位置し、スロヴェニアと国境を接する港町である。この町の中心街から海を背にしてバスで15分ほど足を延ばすと、町を取り囲むカルスト台地の丘陵の中腹に、広大な敷地をもつサン・ジョヴァンニ公園がある。イタリアは1978年の通称バザーリア法によって、精神病院の廃止に踏み切ったことで世界に広く知られているが、このサン・ジョヴァンニ公園はまさしくその改革の舞台となった精神病院の跡地に整備された公園である。

2023年9月11日、まだ夏の強い日差しが照りつける青天の下、息を切らしながら小高い丘の斜面を登りきり、公園内の高台にあるレストラン「いちごの場所（イタリア語でPosto《ポスト》 delle《デッレ》 fragole《フラゴレ》）」にたどり着いた。そこで私と同行者はいささか緊張しつつ、ある人物の到着を待っていた。間もなく現れたのは、精神科医フランコ・バザーリアと文字通り二人三脚で精神医療改革を断行した、元トリエステ県代表（日本の県知事に相当する）のミケーレ・ザネッティ氏だった。御年83歳の氏だが、以前から写真で見知っていた印象とさほど変わらぬ矍《かく》

鑠《しゃく》とした姿で目の前に現れた。2016年、私は今回の同行者の一人である鈴木鉄忠氏（東洋大学教授）とミケーレ・ザネッティ

社会的協同組合が運営するレストラン

他著『精神病院のない社会をめざして―バザーリア伝―』（岩波書店）を訳出して刊行した。その鈴木氏の計らいで、このたび初めてザネッティ氏と直接お目にかかる機会を得ることができたのだった。

「コロナによってイタリアのマイノリティの社会も大きく変わってしまった。マイノリティの人たちへの支援が削減され、移民問題にも拍車がかかり、失業者も増えている。悪い時代になったものだ。もしバザーリアが生きていたら、移民問題についてなんらかの行動を起こしているだろう。そして彼なら、権利や自由が侵害されている移民たちが置かれたこの状況こそ「社会の中のマニコミオ（精神病院を指すイタリア語の俗語）そのものだ」と言い放ったことだろう……」こうしたザネッティ氏の現状を危惧する言葉の

吐露から私たちの対話は始まった。そして、「1970年代、精神医療を改革するためにトリエステのサン・ジョヴァンニ精神病院の院長職を公募したが、そのポスト

写真中央がザネッティ氏、その左側は鈴木鉄忠氏、右側が筆者

を勝ち取ったのがとびきり優秀で人を惹きつけてやまない精神科医バザーリアだった」、「当初は精神病院を解体することまでは考えていなかったが、バザーリアと対話を重ねるうちに、精神病院をなくすことからしか議論は始まらないと思いいたるようになった」ことなど様々なエピソードを交えつつザネッティ氏は語った。

　そうしたなかで私にとって特に興味深く感じとれたのは、「1970年代という同時期に起こった（精神病院を廃止した）精神医療改革と（分離教育を廃止した）教育改革に共通点はあるか」という問いかけに対しての氏の回答だった。「二つの改革はそれぞれ別のセクターで進められたものだ」と前置きしたうえで、ザネッティ氏は「1960年代～70年代の既成の制度

や理念を問い直そうとする社会的風潮の中で、二つの改革は共に障害者の権利の獲得や人間の解放を進めたという点で共通している」と語った。深い洞察に基づく貴重な指摘である。

また、ザネッティ氏は精神病院の廃止を考えるようになってから「精神病院の廃止は、暮らしの場と労働の場を確保することとセットで考える必要がある」と思い至ったこと、そして、「適切な賃金が支払われなければそれは仕事ではない、したがって障害者の仕事を確保するには健常者と障害者が共に働く場をつくるしかないと考え、精神病院を廃止するのに先立って1970年代の初頭に社会的協同組合（「社会的協同組合」についてはレポート4を参照）を設立することを構想した」ことなどを平明に説明された。ザネッティ氏の発言にあるような障害者の権利の獲得や人間の解放という根源的な観点からみた場合、障害者の立場からみた教育改革とは何か、あるいは障害者にとっての労働問題とは何か、これらのことは、現在の日本における障害者をめぐる状況を考えるうえでも根底的な示唆を与えるものといえるだろう。

ところで、サン・ジョヴァンニ公園内にある社会的協同組合が運営するレストラン「いちごの場所」での2時間以上にわたる昼食をとりながらのインタビューは、そもそもザネッティ氏の提案によって実現したものだった。ザネッティ氏は今でもこのレストランを訪れることがあるのだろう、昼食のあいだ店内のスタッフたちとも親しげに談笑する場面も見られた。また店内には、障害があると思しきスタッフもいて、皆が一緒に仕事をしていた。

まさしく1978年のバザーリア法によって閉鎖された精神病院の跡地で、そしてその跡地に建つバザーリアが構想した「健常者と障害者が共に働く場」という理念を継承するレストランにおいて、しかも、ほかでもないバザーリアの片腕だったザネッティ氏その人と昼食をとりながらインタビューをおこなうという幸運にあずかったこの奇跡のような体験は、バザーリア自身のようにものごとを徹底して本質的にラディカルに考えぬくことの重要性を思い知らされたこと、そしてザネッティ氏から聞き及んだバザーリアをめぐる数々のエピソードと共に、決して忘れえぬ記憶として深く刻み込まれた。

論考

なぜインクルーシブ教育なのか

——イタリアの教育を支える理念と論理——

2022年8月、国連障害者権利委員会は障害者権利条約をめぐる日本の教育の現状に対して審査をおこない、その結果を報告した。そして、同委員会から日本の教育に対して「分離教育の中止」が勧告されて以降、巷間ではインクルーシブ教育がしきりに話題にのぼるようになっている。しかし日本の教育の実際はといえば、インクルーシブ教育が推進されるどころか、その対極にある分離教育の進行に歯止めがかからないというのが実状である。多くの先進国の例に漏れず、日本でも子どもの数が一貫して減少しているにもかかわらず、特別支援学級や特別支援学校の生徒数は増加の一途をたどっており、特別支援学校の新設を計画している自治体さえも数多い。もちろんこうした傾向は障害児の割合が増えていることを示すものというよりも、近年の新たなカテゴリー分けである「発達障害」などがその典型だが、障害を認定することで障害児を特別支援学級あるいは特別支援学校へと振り分けようとする力が、以前より強く働いていることを示すものである。

一方イタリアは、1970年代に分離教育の中止を決定し、数年のうちに障害児だけの学級や学校をほぼ閉鎖するなど、インクルーシブな教育をめざして精力的に教育改革を続けてきた。その結果、現在ではイタリア全土で約30万人といわれる障害児のうち、じつに99パーセント以上が地域の通常学校で学習するという環境を生みだしている。そのイタリアの教育をインクルージョンの教育だとすれば、国連から分離教育と批判された日本の教育は、さしずめその対極にあるエクスクルージョンの教育であるといわざるを得ない。インクルージョン（包摂）とエクスクルージョン（分離・排除）は、文字通り方向性のまったく異なる対立する概念であり、それゆえ分離教育を基本的な方針としながら、その枠組みの中でインクルージョンの教育を推進することなどおよそ不可能である。日本の教育界でいわれている「インクルーシブ教育」は、分離教育下で実施されているほんの一部のインクルーシブ教育あるいは統合教育に過ぎず、障害の種類や程度に応じて健常児と障害児の学びの場を分離するという基本的な構造において変わりはない。したがって、今後日本の教育の根本的な制度改革がなされないかぎり、分離教育はますます加速していくばかりであろう。

教育制度を設計するにあたり、あらゆる国にとって、インクルージョンに基づいた制度設計をおこなうのか、あるいはエクスクルージョンの理念に基づいたそれをするのかという両者の選択肢があるはずである。そうした選択肢を前にイタリアはインクルージョンの教育を選択し、それとは逆に日本は旧来通りのエクスクルージョンの教育を選択し続けている。イタリアの教育制度では、障害児の教育は通常学校の通常学級でおこなうことが前提になっているのに対して、日本の教育制度では、障害児の教育は健常児とは分離した場でおこなうことが慣例となっているのである。日本では特別支援学級や特別支援学校が、障害児の教育の場として予め健常児とは別に想定されているため、障害児の受け入れという視点から通常学校の改革がおこなわれることはなく、授業の現場でも合理的配慮（調整）に基づいたインクルーシブな環境づくりなどまったくなされないというのが現状である。こうした世界の趨勢からかけ離れたかたちで日本の分離教育は今なお進められつつあるわけだが、それではなぜ日本ではインクルーシブ教育がなかなか根づかないのだろうか。

本稿では、イタリアのフルインクルーシブ教育の理念的・実践的な基盤を支える歴史的に重要な法律を検討し直し、イタリアの教育の核心にある理念や論理とは何かを明確化することに努めたい。そのうえで日本の教育の現状をイタリアの教育と比較し、日本の現在の教育はどの段階にあるのか、今後日本がインクルーシブ教育を推進していくために何が必要なのか、そして日本の教育にはどのような理念や論理が欠落しているのかを考究してみることにしたい。そのためにもまずはイタリアのインクルーシブ教育の形成史を、法制度の変遷という観点から概観してみることにしよう。

排除の時代
――教育を受ける権利の獲得と分離教育の始まり

イタリアにおける今日の義務教育制度の原型ともいうべきものの誕生は19世紀の半ばにまで遡ることができるが、障害児に義務教育を受ける権利が初めて認められたのは、それから半世紀以上も後の1923年勅令第3126号によってであった。しかし、当時、権利の受益者として認知されていたのは聴覚・視覚障害児だけで、その他の障害児にも義務教育の権利が認められたのは、それからさらに5年後の1928年勅令第577号によってであった。とはいえ同法の415条では、「精神異常（知的障害を含む）の疑いのある者」については、「特別学級あるいは矯正教育施設に入所すること」が定められていた。1930年代には、障害児のための特別学校が国立学校として再編されるが、これ以降長きにわたって、障害児の多くは分離・隔離的な学校や施設で教育を受けることになる。この時代、障害児に対する教育は、教育的な観点からではなく、主として治療的・福祉的な観点から考えられていた。

医療化の時代
——分離教育の進行

現在イタリアの教育制度では、障害児を含むすべての子どもたちが通常学校で教育を受けることが根本原則となっている。この大原則のそもそもの根拠をなすのは、1948年に公布されたイタリア共和国憲法である。イタリアの憲法には、第3条第1項「すべての市民は同等の社会的尊厳を有し、性別、人種、言語、宗教、政治的意見、個人的および社会的な条件による区別なく、法律の前に平等である」、第2項「市民の自由と平等を事実上制限し、人格の完全な発展やすべての労働者の政治的、経済的、社会的な組織への実質的参加を妨げる経済的、社会的種類の障害を除去することは共和国の責務である」、そして第34条第1項「学校はすべての者に開かれている」、第2項「少なくとも8年間の初等教育は義務であり、無償でおこなわれる」（傍点筆者、以下同じ）と明記されている。

しかし、イタリア共和国憲法が公布されてから1960年代の末までは、憲法に明記された内容については、少なくとも障害児に限っては、まったくといっていいほど実現されてこなかった。それどころか、1962年から翌年にかけて出された特別学級と特別学校の機能を規定する法律や通達により、「治療」を主たる目的として、すべての障害児は障害の種類や程度に応じて特別学級や特別学校に籍を置くことを余儀なくされた。これを契機に、イタリア全土で障害児の学級や学校が急増するところとなり、医療化の名のもとに健常児と障害児の学びの場を分ける分離教育が急速に進行した。こうした分離教育に歯止めがかかり、フルインクルーシブの教育の前段階である「統合教育」へと向かう確かな兆候が見え始めるには、1960年代後半から70年代初頭にかけての新たな時代の到来を待たねばならなかった。

統合教育の兆し
――社会変革の時代と1971年法律第118号

1960年代後半から70年代にかけて、ヨーロッパやアジアの先進国を中心に世界中で大きな社会変動が希求されるようになり、各地で労働運動や学生運動が頻発し、旧体制への批判と新たな変革を求める動きが急速に高揚する時代を迎えた。イタリア国内においても、１９６８年から翌年の６９年を頂点として、社会運動や労働運動が高まりを見せ、同時にこれらの運動が社会のあらゆる領域に波及し、社会全体の変革を求める大きなうねりとなった。イタリアもまた旧来の制度や考え方に対する異議申し立ての時代の真っただ中にあったのである。こうした時代状況を背景にして、１９７０年代に入るとイタリアでは、労働、家族、女性、精神保健、教育など様々な領域で、新たな時代を切り拓く革新的な制度改革が実現していった。

同じ時代、教育の領域でも既存の教育制度に大きな変更を迫るいくつもの法律が成立した。そうした一連の教育改革を後押しした運動の一つに、障害当事者とその家族からなる家族会、そして障害者関連団体などが推し進めた「アソシエーションの運動」があった。この運動は１９５０年代に生まれ、６０年代の社会変革の時代に大きく進展した。このアソシエーションの運動を通じて、障害者たちが社会的に疎外されている状態が告発されたり、障害者たちが有するはずの誰もがもつ平等な権利が改めて主張されたりし、障害者をめぐる社会的な意識も高まり、彼らをめぐる教育、医療、福祉政策に関する議論が活性化することにもつながった。

同時代に推進されたもう一つの重要な運動として見落とせないのは、1960年代に開始された「脱施設化の運動」である。脱施設化の運動とは、狭義には精神病院に代表される隔離・収容施設から患者たちを物理的に解放することを意味しているが、広義に捉えれば、障害者たちを社会的に疎外された状態に置いたり、人権や尊厳を侵害したりするすべての施設や制度から人びとを解放することをも意味していた。その当時、イタリアの精神病院や障害者施設には、学齢期に当たる子どもたちも多く収容されていた。したがって、脱施設化の運動は障害児教育にも関わる重大な問題を含んでおり、その意味で精神医療改革と教育改革は、同じ脱施設化の論理のなかで展開された地続きの運動でもあった。

その後イタリアの精神病院をめぐる脱施設化の運動は、世界の精神医療をリードする先駆的な法律となった1978年法律第180号（イタリアの精神医療改革を主導した精神科医フランコ・バザーリアにちなんで「バザーリア法」とも呼ばれる）として結実することになる。この法律第180号が画期的だったことの一つは、第1条に「病状評価と治療は自発的なものである」と明記されたことにある。これ以前は、精神病院における（強制）治療および入院（収容）は、社会防衛の思想、つまり患者を「社会的な脅威」と位置づけたり、患者に「自傷他害の疑いがある」と見なしたりすることを根拠として実施されていた。しかし、バザーリア法では、精神病院における治療や入院は「患者にとっての必要性」という観点から、「患者の自発的意思」によって実施される必要があると明記されるところとなった。バザーリア法によって、患者たちは治療や入院を強いられる存在から、自発的に治療を受ける主体となったのである。ともあれ、「精神病院の新設の禁止」、「既存の精神病院への新規入院の禁止」、「精神病院の段階的な廃止」を盛り込んだ同法により、イタリアの精神医療は、患者たちを隔離・収容してきた単科精神病院の廃止へと大きく舵を切ることになった（現在イタリアでは、精神病患者の治療は総合病院の精神科で実施されている）。

社会全体の変革を希求する時代を背景にして、またアソシエーションの運動や脱施設化の運動といった周辺領域で巻き起こった運動の広がりもあり、学校教育の分野でも新たな議論の萌芽が用意されていった。そして、進歩的な学者や障害者団体からは、「特別学級や特別学校は、障害児の社会的な疎外をより深刻化させている」、「障害児を分離した教育は、生徒たちの能力回復には役立たない」、「障害児を通常学級に迎え入れ、通常の教育を受けられるようにし、同級生との関係性を正常化させる必要がある」といった主張が、声高に叫ばれるようになり、障害児を通常学校へという機運が次第に高まっていった。そうした社会情勢のなかで、広く人びとの意向を汲んで成立したのが1971年法律第118号であった。

1971年法律第118号は、インクルーシブ教育の前段階に統合教育に向けた第一歩を印す、時代の転換点に当たる法律だった。同法は障害者に対する社会的援助・保障についての法律であり、まず第2条において障害者とは何者かという定義がなされている。そして、「就学に関する規定」を扱った第28条において、「自律性を欠いた心身障害者で義務教育学校に通う者、または国が出資する職業訓練課程に通う者」に対する保障として、「公立学校の通常学級での学習や編入の妨げとなったり困難となったりするような重度の知的障害や身体障害がある場合を除いて、義務教育は公立学校の通常学級で実施されなければならない」、続いて「中学校、高校、大学においても、心身障害者の就学は促進される」と明記された。

この法律第118号において、「公立学校の通常学級で義務教育を受ける権利」が保障されたのは重度障害のない障害児に限られており、また、中学校、高校、大学における障害者の就学については「促進される」と言及されるに留まっていた。したがって、通常学校で学ぶ権利が保障されるのは、実質的に小学校段階に限定されていた。とはいえ、法律第118号によって、イタリアでは初めて障害児が公立学校の通常学級で義務教育を受ける権利が認められたのである。そして、とりわけその第28条に記された内容によって、法律第118号は現在ではイタリアの教育史における「統合教育の芽生え」を示す記念碑的な法律と見なされている。

1971年法律第118号の施行により、イタリアでは特別学校や障害者施設から通常学校への障害児の編入が進められた。医療化の名のもとに、1960年代に健常児と障害児の教育の場の分離が進行して以来、特別学級と特別学校は増加を続けてきたが、その数は1974年頃をピークに減少に転じたとされている。しかしながら、障害児の通常学校への編入がなんの滞りもなく順調に進められたかといえば、決してそうではなかった。学校の教職員、障害当事者やその家族、そして障害者団体のあいだでさえも、健常児と障害児の教育の場を分離する旧来の制度を支持する者たちと、それと反対に統合教育の推進を支持する者たちがおり、両者のあいだで激しい対立がみられた。また障害児を受けいれることになった通常学校の現場は混乱を極め、制度的・組織的・環境的な不備、また教育の方法論的な準備不足などが次々に露呈したとされている。この時代の障害児の通常学校への編入プロセスは「野蛮な統合」と揶揄されたりもした。こうした状況に対して、すべての問題を根本的に見直し、混沌とした現状への具体的な解決策を提案することを委ねられたのが、当時教育省補佐官の立場にあったフランカ・ファルクッチを委員長とする「ファルクッチ委員会」だった。

統合教育の幕開け
――1975年ファルクッチ報告書と1977年法律第517号

1975年、ファルクッチ委員会はいわゆる「ファルクッチ報告書」を提出して、障害児の通常学校への編入という進行中の方向性を是認し、「統合教育」を支える重要な概念や論理を示した。報告書の序文には、「ハンディキャップのある子どもたちの問題に対処するのにふさわしい学校の実現は、たとえ発達、学習、適応に困難があるとしても、彼らは自分自身の成長の主体と見なされるべきであるという確信に基づいている」と記され、「実際には、こうした子どもたちの中には認知的・操作的・人間関係的な能力が備わっているにもかかわらず、現在の文化や社会構造の仕組みのなかで要求されることによって、しばしばそれらの能力が阻まれている」と続けられている。さらに、同じ序文で「学校は、子どもに対してより明確な社会化の機会を提供するとともに、心理的・身体的発達を妨げる可能性のある困難を適切に予防し克服することに努める」と明記されている。さらに、統合教育における学校の機能や役割については、「学校の役割とは、文化的・社会的・市民的な観点から、すべての子どもや若者の発達の可能性を伸ばすことである」、「ハンディキャップのある子どもたちが置かれている疎外された状態を克服するのに、学校は最適な機関である」、「すべての学校組織、特に義務教育期間の学校組織こそが、生徒の成長を阻む原因となっている人間的・文化的・社会的な疎外状態の克服に決定的な貢献をすることができる」などと記されている。

「ファルクッチ報告書」の序文から読み取れる重要な点は、統合教育の実施にあたって、第一に通常学校で義務教育を受ける権利を有する主体として障害児の存在を認め、なおかつ障害児自身を主体とする彼らの発達や成長に学校が責任を負っていることを明確にしたこと、そして第二に学校が果たすべき役割として、障害児の発達、学習、適応のための困難の予防と克服があることに言及し、また学校には障害児が人間的・文化的・社会的に疎外された状態を克服するのに貢献できる機能があることと指摘したことである。ここには、「教育を受ける主体」そして「発達・成長する主体」として、障害児の存在を学校教育制度の根本に組み入れ、健常児の視点だけではなく、障害児を含むすべての子どもたちの視点から学校をつくり直すために、新たな理念、制度、組織を再構築しようとする意志を明確に見てとることができる。

また、序文で確認されている「学校の役割とは、すべての子どもや若者の発達の可能性を伸ばすこと」という理念を踏まえて、同報告書では統合教育を実施するための原則、方法、人的物的資源が提示されている。そこでは制度・組織改革の第一歩として、「1クラスは15~20名の生徒で編成」、「支援教師の配置を検討」、「教育・医療・福祉の専門職チームで教育に関与」、「建築的なバリアの解決」、「身体的自律が確保されていない生徒に対する支援者の配置」、「学校への送迎サービスの導入」といった具体的な提案がなされている。この中でとりわけ刮目すべき指摘は、障害児の成績をめぐる新たな考え方として「障害児の就学については、必ずしも（学級で）共通する最低限の文化的（学習的）な目標を達成しようとするものではない」、「（障害児の）学校での成績を評価する基準については、総合的かつ達成された学習のレベルの両面から到達した達成度を参照する」と明記されたことである。健常児と障害児が同じ学級で学ぶ場合、障害児の成績の評価に独自の方法を導入することは不可避の調整であるといえるだろう。統合教育という新たな教育理念とそれに基づく学校の制度および組織改革が進められるなか、1975年から翌76年にかけては特別学級と特別学校から通常学校への障害児の編入が改めて加速度的に進められるようになり、その後わずか数年のあいだに障害児の編入プロセスは完遂されたとされている。

「ファルクッチ報告書」の内容に加えて、1976年から翌77年にかけて公示された教育関連の通達を踏まえて成立したのが、1977年法律第517号である。「生徒の評価、追試験の廃止、学校制度の改正規定に関する法律」という名称の同法は、その当時のイタリアの教育の規定を抜本的に革新する法律だったことを理由に、今日では「革命的な法律」と位置づけられている。まず法律第517号で決定的に重要なのは、小学校の教育規定に関する第2条および中学校の教育規定に関する第7条において、「(障害児の編入については)学習権の行使と生徒の人格形成の最大限の促進を支援することを目的として……統合的な教育活動を含めることができる」と記されたことである。さらに、同法第10条においで聴覚障害児にも同じく「統合的な教育を受ける権利」、つまり公立学校の通常学級で学ぶ権利が認められたこと、そして前年の1976年に施行された法律第360号で視覚障害児にも同様の権利が認められたこと合わせて、イタリアでは教育史上初めて（重度障害児を除いて）義務教育段階にあるすべての障害児（知的障害や心身障害などすべての障害を含む）に対して「通常学級で教育を受ける権利」が認められることになった。

さらに、健常児と障害児の学びの場を分離してきた旧来の分離教育から統合教育へ移行するための措置・方策として、1977年法律第517号では、成績の評価方法の改正（第1条）、小学校と中学校における支援教師の配置による障害児のための統合的な教育活動の実施（第2条、第7条）、小学校と中学校での追試験の廃止（第3条、第6条）、中学校では障害児のいる学級は最大20名で編成（第7条）といった様々な具体策が条項に挙げられている。なかでも小学校と中学校の補習学級と分離学級の廃止（第7条）を定めた条文には、イタリアの教育における分離教育との決別の意思が鮮明に表れている。1977年法律第517号は、確かに1975年のファルクッチ報告書の内容を色濃く継承するものではあった。しかし、当時の義務教育段階に当たる小学校と中学校の教育を規定する法律の中に、「障害児が公立学校の通常学級で教育を受ける権利」を明確に位置づけ、また実際に統合教育を実施するにあたって、学校現場における組織改革のための具体的な方策を提示したという点で、同法はきわめて画期的な法律だったといえる。

ここまで、社会全体の変革が求められていた1960年代から70年代にかけておこなわれたイタリアの学校教育改革の変遷の跡をたどりながら、同時にそれと並行してみられた医療や福祉分野における障害者をめぐる歴史的な動向についても概観してきた。それまで生活の場がある地域の通常学校から排除され、健常児とは分離され疎外された場での学びや暮らしを余儀なくされてきた障害児たち、あるいは本人が望むと望まざるとにかかわらず時には精神病院に長期にわたって収容され隔離・管理的な状況下に置かれてきた精神障害者たち、こうした障害者たちにとって1960年代から70年代にかけての社会変革の時代は、どのような意味をもっていたのだろうか。精神科医フランコ・バザーリアと共にイタリアの「脱施設化の運動」を精神病院の廃止に導いた立役者の一人である政治家のミケーレ・ザネッティは、2023年9月に筆者がおこなったインタビューでの問いに答えて「1960年代から70年代の既成の制度や理念を問い直そうとする社会的風潮のなかで、（精神病院を廃止した精神医療改革と分離教育を廃止した教育改革という）二つの改革は、ともに障害者の権利の獲得や人間の解放を進めたという点で共通している」と語った（本書コラム6を参照）。まさに二つの改革に共通する本質を捉えた鋭い洞察だといえるだろう。分離教育という教育制度もまた障害児たちを社会的に疎外してきたという点で、脱施設化運動に準じる歴史的文脈に位置づけ得る制度だったことは先に述べた通りである。分離された学校で学んでいた障害児たちも精神病院に収容されていた患者たちも、共に誰もが平等に有する基本的人権という権利や尊厳を侵害され、国の教育・医療制度によって社会的に疎外されてきた存在であった。彼らは自ら意思表示をしたり何かを選択したりする「自由」の機会を奪われた「受動的」な存在だったことで共通していた。こうした障害者たちに対して1960年代から70年代の改革がもたらしたものとは、当時の教育分野や精神医療分野の状況を刷新する革新的な法律を制定したことで、彼らにも教育や医療に「主体的に」関わりうる存在としての権利を明確に保障したということであった。

統合教育からフルインクルーシブ教育へ
――1992年法律第104号

「革命的な法律」と評される1977年法律第517号によって、イタリアは当時の教育制度では義務教育だった小学校と中学校の段階で（現在イタリアでは小学校から高校の第2学年までが義務教育となっている）、障害児が公立学校の通常学級で教育を受ける権利を保障した。しかし、当時はまだすべての学校段階で障害児が通常の教育を受ける権利が保障されていたわけではなかったし、彼らが通常学級で学び教育を受けるにしても、そのための環境が十分に整備されていたわけでもなかった。そのため、イタリアの教育は、その後も高校で統合教育を受ける権利を保障した1987年憲法裁判所判決第215号、そして幼稚園（3歳〜6歳まで）における統合教育を規定した1991年省令を出すなど、着々と統合教育の適用範囲の拡大に努めていった。また、障害が認定された生徒に対して加配される支援教師については、1982年法律第

270号や1986年省令で規定を定めるなど、より充実した統合教育を実践するために教育改革を継続した。こうしたイタリアの統合教育が、「フルインクルーシブ教育」といえる新たな段階に入るのは1992年法律第104号によってだった。

1992年、「ハンディキャップ者の援助、社会的統合および諸権利に関する基本法」という名称の法律第104号が施行された。同法にはこれまでの統合教育の理念や諸制度を刷新する重要な項目が数多く盛り込まれていた。なかでもこの法律の核心にあるのが、第12条の「学習権と教育権」について記された内容だった。すなわち、第12条第4項には、「ハンディキャップに関わる障害に起因する学習上の困難およびその他の困難が、教育を受ける権利の行使の妨げとなってはならない」と記されている。ここから導き出せるのが「障害児がもつ障害に起因する困難が、教育を受ける権利の行使の妨げとならないように、（障害児が学校に適応するのではなく）学校の側が施設や設備、そして学習環境を整備しなければならない」という法の論理であり、この論理の根底にあるのは、先述したイタリア共和国憲法の第3条第2項にある「市民の自由と平等を事実上制限し……経済的、社会的種類の障害を除去することは共和国の責務である」という法の精神だった。ここに示された考え方は、今日言うところのまさしく「合理的配慮（調整）」に通じるものだといえるだろう。そして、この「障害に起因する困難が、教育権の行使の妨げとなってはならない」という法律第104号第12条に明記されたイタリアの法の理念は、現在は世界の190カ国以上が締約している障害者権利条約（2006年に採択）の第24条第2項の「障害者が障害に基づいて一般的な教育制度から排除されない……」という記述に継承されて生きている。障害者権利条約にあるこの条文は、今では世界の多くの国々がインクルーシブ教育を推進するための大きな思想的根拠の一つとなっているのである。

ところで、1992年法律第104号の公布の段階で、イタリアの教育が「フルインクルーシブ教育」といえる段階に移行したと見なせるのは、第一にこれまで障害児が通常の教育を受けることを保障されていた幼稚園から高校までの段階に加えて、保育園（0歳〜3歳まで）と大学を含むすべての学校教育段階で、障害者が通常教育を受ける権利が保障されることになったからである。同法第12条第1項では、「0歳〜3歳までのハンディキャップ児には保育園への入園が保障される」、第2項では、「ハンディキャップ者の学習権および教育権は、幼稚園、あらゆる段階の義務教育機関の通常クラス、そして大学機関において保障される」と明記された。第二には学校と地域の諸機関との連携による具体的な学習支援体制のあり方が示されたことである。第12条第6項には、学校が連携する地域の代表的な医療機関である地域保健機構（AUZLまたはASL）について、「初めの動態―機能プロフィール[*1]（PDF）の作成に続いて、地域保健機構の関係者、学校、家族が集まり、様々な介入の効果および学校環境が及ぼす影響を確かめるための検証がおこなわれる」と記されている。これにより教育分野の専門職が所属する学校―家庭―医療・福祉分野の専門職が所属する地域保健機構という三者の連携体制が明確にされた。そして、第三には学校教育に障害児を「包摂」するためのプロセスが整備されたことである。第12条第5項では、「生徒をハンディキャップ者であると認定し、機能診断（DF）の結果を記した文書を取得した後、個別教育計画（PEI）に必要となる動態―機能プロフィールの作成が続

＊1　現在のイタリアの教育における障害児の支援は、地域保健機構に所属する専門職チームによる「障害の認定」および「機能プロフィール」の作成、そして「機能プロフィール」を踏まえた教育・医療・福祉の専門職チームによる「個別教育計画（PEI）」の作成の順でおこなわれる。1992年法律第104号で作成することになっていた「機能診断（DF）」と「動態―機能プロフィール（PDF）」は、後に一つの文書である「機能プロフィール」として統合された。

く。教育計画の決定は、障害児の保護者、地域保健機構の担当者、学校の各学年の専門教師（支援教師）、そして公教育省の定める基準によって選定された心理教育を専門とする教師が参加したうえでおこなうものとする……」と記されている。これによって、通常学級で教育を受ける障害児を支援するための具体的な道筋が確認された。最後に第四には、第43条で1928年に施行された二つの勅令にある規定と、1971年法律第118号第28条の項目の一部の削除に言及されていることがある。第43条により、1928年の勅令で定められていた知的障害の生徒の受け入れのための「特別学級と特別学校」の設置は、もはや合法とは見なされなくなった（盲学校・聾学校は含まない）。さらに、1971年法律第118号において「重度の知的障害や身体障害がある場合を除いて、義務教育は公立学校の通常学級で実施されなければならない」と記されていた項目が削除されたことにより、重度の知的障害や身体障害のある障害児も、他の障害児と同様に公立学校の通常学級で教育を受ける権利を保障されることになったのである。1992年法律第104号に記されたこれらの内容を以って、イタリアの教育は、「統合教育」と言われた段階から、教育・医療・福祉の緊密な支援体制の下、保育園から大学までを含む全学校段階において、すべての障害児が公立学校の通常学級で学ぶ権利を保障する「フルインクルーシブ教育」へと歩みを進めることが可能になったのである。ここまで長々とイタリアの法律に関する議論を繰り広げてきたのは、法的な裏づけなくして教育制度の実質的な改革は有効性をもちえないということを示す必要があったからである。揺るぎない理念や論理そして原理原則を示した法的根拠がなければ、障害者を健常者と平等に同じ教育システムに組み入れることなどそもそも不可能なのである。

日本の教育の現在地と通常の教育を受ける権利

障害児をめぐる教育を世界史的な視点から概観してみると、それは、長きにわたる排除・隔離の時代からその後の教育を受ける権利の獲得と分離教育の時代を経て、統合教育からインクルーシブ教育へと展開してきたことが追認できる。こうした歴史的な流れを念頭におけば、イタリアの教育がたどってきた変遷の足取りもまた、国際的な潮流と無縁ではなかったことが容易に理解できる。ヨーロッパの教育先進国といわれる国々を見ても、教育的な到達点は多様であるとはいえ、ほぼ同様の歴史的な様相の跡を示しているといえるだろう。

繰り返しになるようだが、イタリアの先進的な「フルインクルーシブ」といえる教育体制は、どのような理念や論理、そして法的改革に基づいて、現在の教育システムを確立してきたのだろうか。ここで改めてイタリアの現代教育史の変遷を大まかに俯瞰してみよう。その根底には「1971年法律第118号」、「1975年ファルクッチ報告書」、「1977年法律第517号」、「1992年法律第104号」という新たな時代を切り拓いてきた法規則の大きな存在があったことがわかる。そして、これらの法規を通じて、イタリアは「障害児が通常の教育を受ける権利」をめぐる議論を練り上げ、現在の制度の根本をつくり上げてきたのである。つまり、今日にいたるイタリアの教育の歩みとは、通常の教育を受ける権利を認められていなかった障害児が、軽度の障害児から重度の障害児へという順に、段階的に教育の権利を勝ち取ってきた歩みそのものだったといえる。もちろん、教育の理念や論理、そしてそれらに基づいた教育システムは、教育をめぐる様々な状況の変化に応じて絶えず改革されていくべきものであり、現在のイタリアの教育制度もまた完成形などではありえない。とはいえ、イタリアの教育の偉大な点は、障害児と健常児の両者を同一の地平と条件の下におき、両者を統合した視点から教育制度や学校のあり方を根本的に見直したことにあるといえるだろう。

こうしたイタリアの教育の歴史的な展開を前にしたとき、現在の日本の教育はいったいどの段階にあるといえるだろうか。すでに述べたように、国連障害者権利委員会によって、日本の教育は健常児と障害児の学びの場を分ける分離教育に他ならないと指摘されたばかりである。だとすれば教育制度という構造的な側面から、イタリアのそれと対比していえば、日本の教育は、ちょうどイタリアで分離教育から統合教育へという議論が芽生え始めた1960年代末から70年代初頭あたりの過渡期の時代にあると見ていいだろう。

ところで、イタリアにおいて、分離教育から統合教育へと飛躍させる大きな原動力となった考え方が、1971年公布の法律第118号で記された「障害児が通常の教育を受ける権利」にあったことは再三触れてきた。そして、今回のイタリア滞在で、こうした障害児の権利をめぐる理解や認識のあり方に私自身、身をもって直面させられたのが、トリエステの高校を訪問したときの体験だった（レポート11を参照）。北イタリアの国境の町トリエステの言語高校を訪問し、そこで学ぶ障害のある生徒の様子をレポートしたが、この生徒は腹部に穴を開けてチューブを通して栄養を注入するいわゆる「胃ろう」によって生活しており、彼は恒常的に医療ケアを必要とする重度の障害のある生徒だった。この生徒の保護者が彼の就学について筆者のインタビューにこう答えている。保護者である母親は「どれほど重い障害があっても、我が子にも地域の通常の学校で学ぶ権利がある」こと、そして「学校には、我が子が学校で学ぶための環境を整備する責務がある」ことを訴えて、すべての授業時間に医療ケアを担う看護師を配置させるなど、息子が学校で学ぶための学習環境を整備してもらったと語っていた。

日本のインクルーシブ教育をめぐる議論において、「障害児が通常の教育を受ける権利」という根本的な問題はどのように扱われているだろうか。あるいは現在の日本の教育界には、イタリアの保護者が訴えかけたことを「正当な」主張として受け入れるだけの土壌がはたしてあるだろうか。今日、世界の多くの国々がインクルーシブ教育を推進する際にその根拠としているのは、障害者権利条約の第24条第2項にある「障害者が障害に基づいて一般的な教育制度から排除されない……」という根本的な法の理念である。その障害者権利条約に規定された内容の実施状況を評価している国連の委員会は、日本では障害児が通常学校で学ぶ権利が保障されていないと見立てて、日本の教育は「分離教育」だと批判した。だが、この勧告に対する日本の文科大臣の返答は「現行の分離教育を中止する考えはない」という主旨のものだった。こうしたことから容易に察することができるのは、日本のインクルーシブ教育をめぐる議論では、根本のところで「障害児の権利」の問題が置き去りにされているという事実である。統合教育やインクルーシブ教育をめぐる国際的な議論の場において、常に議論の中心に据えられていたのは「障害児の権利」をめぐる問題だったが、日本の公教育は表向きにはインクルーシブ教育の推進を唱えながらも、その際に中心となるべき論点そのものを欠落させているのである。日本でインクルーシブ教育が一向に根づかない大きな理由の一つがここにある。

イタリアにも日本の特別支援学校に相当する特別学校が一部残されている。そこに整備されている充実した医療・福祉の支援体制を理由に、この種の学校が重度障害児などの就学先として選択されることがあることも紹介した（レポート10を参照）。しかしながら、イタリアではこうした特別学校を選択するにしても、保護者たちは、すべての障害児に「通常の学校で教育を受ける権利」があることを理解し、そのことを十分承知したうえで、あえてこの種の特別学校を選択しているのである。就学先の選択の問題一つとっても、その前提となる障害児自身の権利についての認識の度合いとなると、日本社会とイタリア社会のあいだには容易に越え難い隔たりがあるのである。

障害児の発達・成長という観点からの学校改革

1970年代、イタリアの教育制度は分離教育から統合教育へと大きく転換した。その際、障害児に通常の教育を受ける権利を認めたことと同じくらい重要だったのは、通常教育を受ける権利をもった主体として、障害児の存在を教育制度の根幹に組み入れたことである。それによって、健常児と同様に障害児自身の発達や成長という観点からも、それまでの教育制度や学校組織そのものを根本的に見直すことにつながったことである。分離教育から統合教育への変革を促すための重要な理念や論理を示した1975年「ファルクッチ報告書」の序文には、「障害児には認知的・操作的・人間関係的な能力が備わっているが、現在の仕組みによってそれらの能力が阻まれている」という主旨の記述が見られる。障害児の能力の開発を阻んできたものとして、学校制度そのものの落ち度を明確に指摘しているのである。

たとえば障害児の人間関係的な側面についていえば、それがどのような障害であれ、あらゆる障害の根底には共通してコミュニケーションに関わる障害が横たわっている。筆者がこれまで教育現場に立ってきた経験からしても、障害児が社会に出ていくことを想像するとき、もっとも大きな課題となるのがコミュニケーションに関わる問題であった。ここでいうコミュニケーションとは他者に意思を伝えたり、あるいは他者からメッセージを受け取ったりといった単純な意思疎通の次元に留まらない。たとえば学校という場でいうなら、それは、時間や空間を共有する、役割を共有する、協同作業をするといった、あらゆる活動に伴う人間間の関係性に関わるコミュニケーションの総体のことである。少なくとも1970年代の半ばまでは、イタリアにも分離した教育の場が存在していたが、こうした分離した場の撤廃を強く促していたのは、「コミュニケーションに関して共通の課題を抱えた障害児だけを教育していては、彼らの能力の発達や成長を望むことは難しい。障害児に備わった能力に刺激を与えられるのは健常児の存在であり、健常児に囲まれた環境に身を置くことで、障害児は初めて自分自身の能力を発達させることができる」という考え方だった。

こうした健常児と障害児間のコミュニケーションに関わる事例として本書で報告したのが、地域の小学校で学ぶ自閉症の生徒の一例である（レポート8を参照）。彼は軽度~中度の知的障害のある生徒だったので、現在の日本の教育制度でいえば特別支援学校で学ばされることになる可能性の高い事例といえるだろう。

調査のために学校を訪れたとき、小学校の5年生のクラスに在籍していたこの生徒は、原則としてクラス替えをしないというイタリアの学校の慣例にならって、クラスメイトとはそれまで5年間一緒に学校生活を送ってきていた。小学校入学当時、この生徒はクラスメイトとほとんど関わりをもとうとしなかったということだが、筆者が3度目にこの学校を訪れたある日の昼休みには、クラスメイトと一緒に楽しそうに中庭を走りまわっているのを目にした。生まれもった障害ゆえに流ちょうな会話をすることこそ叶わないが、彼とクラスメイトには5年間という時間をかけて築いてきた関係性があり、彼らなりの方法でコミュニケーションが取れるようになっていたのである。イタリアでは、このように障害児の発達や成長にふさわしい場として、多様な子どもたちを包摂するインクルーシブな学校という場が想定され設置されている。こうしたインクルーシブな環境に基づく学校社会の先にこそ、インクルーシブな社会の創造が可能なのだと考えられている。学校という共生の場ですべての子どもたちが学び合うこと、それこそが教育の本質であるというのがイタリアの教育に貫かれた信念である。

これまで見てきたように、1970年代に分離教育から未来のインクルーシブ教育を見据えた統合教育へと制度的な大転換を遂げたイタリアの教育は、第一に障害児が通常の教育を受ける権利を認めること、第二に教育を受ける権利をもった主体として、健常児と同等に障害児の存在を教育制度の根幹に組み入れること、そして第三に障害児の発達や成長ということを視野に入れて、その障害児と健常児が同じ場で学び合うにはどのような環境が必要かという観点から教育制度や学校組織を根本的に見直すこと、そうした認識をベースにして現在の教育を実現してきたといえる。そして今日では、通常の教育制度にいかに障害児を組み入れるかという段階を超えて、障害の有無にかかわらず、あらゆる子どもたちが同じ場で学ぶためにはどのような教育制度や学校組織が必要かという観点から様々な学校改革が続けられている。

イタリアの教育が築き上げてきたインクルーシブ教育を支えるこうした論理を前にすると、日本の教育界では、まず障害児が通常の学校で教育を受ける権利そのものが未だに認められていないことが分かる。そして、そのために障害児の存在を教育制度の根幹に組み込むことができず、結果として、障害児と健常児が相互に刺激し合い学び合うことで、両者が共に発達し成長していくというダイナミズムに満ちた学びの場をつくり出せずにいることに改めて気づかされるだろう。

もちろんインクルーシブ教育の推進にあたっては、日本の教育は必ずしもイタリアと同じ道筋をたどる必要はない。日本には日本のインクルーシブ教育の実現の仕方があってもよいだろう。しかし、インクルーシブ教育の推進を議論する際には、常に世界の議論の中心にあった「障害児の人権」の問題だけは、どうしても避けて通ることはできない。それと同時に、真の意味でのインクルーシブな教育を実現するには、それを支える論理の表明として「なぜインクルーシブ教育なのか」という問いかけにどのように返答するのか、日本の教育に対してはその根本的な命題自体が絶えず問われ続けることになるだろう。

〈補記〉

本稿の執筆にあたっては、主として石川政孝他『イタリアのインクルーシブ教育における教師の資質と専門性に関する調査研究』（国立特殊教育総合研究所、２００５年）所収のアントーニオ・エスポージト「ハンディキャップ者の統合教育に関する規定」を参照した。拙稿で取り扱ったイタリアの法律・法規についてはエスポージト論文中に訳出されたものに拠ったが、部分的に適宜改変したところがあることをお断りしておく。

主要参考文献

石川政孝他『イタリアのインクルーシブ教育における教師の資質と専門性に関する調査研究』国立特殊教育総合研究所、２００５年。

一木玲子「イタリアにおける障害児統合教育制度を支える論理」『関東教育学会紀要』第26号、１９９９年。

――「イタリアの『完全』統合教育の理念と普通学校の変革」『季刊福祉労働』第86号、２０００年。

――「イタリアにおける障害児統合教育導入と学校改革」『教育制度学研究』第７号、２０００年。

大内進他「イタリアにおける視覚障害教育に関わる触覚教材への対応」『世界の特殊教育』独立行政法人国立特別支援教育総合研究所、２００７年。

大内進「イタリアにおける障害児教育とＩＣＦ及びＩＣＦ――ＣＹの活用動向」『ＩＣＦ児童青年期バージョンの教育施策への活用に関する開発的研究：課題別研究報告書』独立行政法人国立特別支援教育総合研究所、２００８年。

大内進他「イタリアにおけるインクルーシブ教育に対応した教員養成及び通常の学校の教員の役割」『国立特別支援教育総合研究所研究紀要』第42巻、２０１５年。

黒田学編『ヨーロッパのインクルーシブ教育と福祉の課題（世界の特別ニーズ教育と社会開発シリーズ２）』クリエイツかもがわ、２０１６年。

小谷眞男「イタリアにおける「脱施設化」―児童施設の現状分析を中心に―」『社会保障研究』第２号（２-３）、２０１７年。

小谷眞男他編『新 世界の社会福祉 ４ 南欧』旬報社、２０１９年。

坂本沙織「精神障害者地域生活支援の国際比較―イタリア―」『海外社会保障研究』第１８２号、２０１３年。

ザネッティ、ミケーレ他著（鈴木鉄忠、大内紀彦訳）『精神病院のない社会をめざして』岩波書店、２０１６年。

初宿正典他編『新解説世界憲法集 第３版』三省堂、２０１４年。

障害者福祉研究会編『ＩＣＦ国際生活機能分類—国際障害分類改定版』中央法規出版、２００２年。
バザーリア、フランコ（大熊一夫、大内紀彦、鈴木鉄忠、梶原徹訳）『バザーリア講演録 自由こそ治療だ！—イタリア精神保健ことはじめ—』岩波書店、２０１７年。
原田琢也、伊藤駿編『インクルーシブな教育と社会：はじめて学ぶ人のための15章』ミネルヴァ書房、２０２４年。
藤原紀子「イタリアにおけるインクルージョンの変遷と１９９２年第１０４法」『世界の特別支援教育』第24号、２０１０年。
松嶋健『プシコ ナウティカ—イタリア精神医療の人類学—』世界思想社、２０１４年。
嶺井正也『障害児と公教育』明石書店、１９７７年。
嶺井正也「資料・ハンディキャップ者の援助、社会的統合及び諸権利に関する基本法とイタリアの統合教育」『季刊福祉労働』第66号、１９９５年。
ムーラ、アントネッロ（大内進監修、大内紀彦訳）『イタリアのフルインクルーシブ教育—障害児の学校を無くした教育の歴史・課題・理念—』明石書店、２０２２年。
望月由美子「イタリアのインクルーシブ教育に関する政策理論と法制度の史的変遷：「挿入」「統合」「包摂」の三概念の検討」『子ども発達臨床研究』第20号、２０２４年。
ラニ、フロニアン（倉石一郎他訳）『インクルーシブ教育ハンドブック』北大路書房、２０２３年。
Caldin, Roberta, 2020, Pedagogia speciale e didattica speciale / 1Le origini, lo stato dell'arte, gli scenari futuri, Erickson.
Canevaro, Andrea, 2007, L'integrazione scolastica degli alunni con disabilità. Trent'anni di inclusione nella scuola italiana, Erickson.
Canevaro, Andrea, Ciambrone, Raffaele, Nocera, Salvatore, 2021, L'inclusione scolastica in Italia, Erickson.
Canevaro, Andrea, Ianes, Dario, 2022, Un'altra didattica è possibile Esempi e pratiche di ordinaria didattica inclusive, Erickson.
Dainese, Roberto, 2016, Le sfide della Pedagogia Speciale e la Didattica per l'inclusione, Franco Angeli.
D'Alonzo, Luigi, 2016, La differenziazione didattica per l'inclusione Metodi strategie attività, Erickson.

D'Alonzo, Luigi, Caldin, Roberta, 2012, Questioni, sfide e prospettive della Pedagogia Speciale: L'impegno della comunità di ricerca, Liguori Editore.

De Anna, Lucia, 2014, Pedagogia speciale. Integrazione e inclusione, Carocci.

Favorini, Anna, Maria, 2015, Pedagogia speciale e formazione degli insegnanti. Verso una scuola inclusiva, Franco Angeli.

Gelati, Maura, 2004, Pedagogia speciale e integrazione. Dal pregiudizio agli interventi educative, Carocci.

Giarolo, Annamaria, 2021, Sostegno in pratica Casi, strategie e strumenti normativi per una didattica efficace e inclusive, Erickson.

Ianes, Dario, 2015, L'evoluzione dell'insegnante di sostegno, Erickson.

Ianes, Dario, Canevaro, Andrea, 2015, Buone prassi di integrazione e inclusione scolastica, Erickson.

Ianes, Dario, Cramerotti, Sofia, Fogarolo, Flavio, 2021, Il nuovo PEI in prospettiva bio-psico-sociale e ecologica, Erickson.

Ianes, Dario, Cramerotti, Sofia, Fogarolo, Flavio, 2022, PEI in pratica alla primaria Materiali operativi e proposte di attività, Erickson.

Mitchell, David, Sutherland, Dean, Ianes, Dario, 2022, Cosa funziona nella didattica speciale e inclusive Le strategie basate sull'evidenza, Erickson.

Mura, Antonello, 2011, Pedagogia speciale oltre la scuola. Dimensioni emergenti nel processo di integrazione, Franco Angeli.

Mura, Antonello, 2012, Pedagogia speciale. Riferimenti storici, temi e idee, Franco Angeli.

Mura, Antonello, 2016, Diversità e inclusione. Prospettive di cittadinanza tra processi storico-culturali e questioni aperte, Franco Angeli.

Pavone, Marisa, 2014, L'inclusione educativa. Indicazioni pedagogiche per la disabilità, Mondadori Università.

Santamaita, Saverio, 2021, Storia della scuola. Dalla scuola al sistema formative, Pearson.

あとがき

2023年4月からの1年間、ボローニャの歴史中心地区の一角にある我がアパートを拠点にして、北から南までイタリアの都市を駆けめぐり、教育現場を中心に継続的にフィールドワークをおこなった。本書は、その間の6月から翌年3月までの期間に現代書館のウェブサイト上でおこなっていた現地報告の連載『フルインクルーシブ教育の現場を訪ねて』に新たなレポート、コラム、論考を加え全体に加筆修正を施し再構成したものである。

本書の1~12までのレポートは、イタリア滞在中におこなったフィールドワーク順に時系列に沿って記したものだが、そのうち未発表のレポート11と12の2回分とそれに加えたコラムと論考は、1年間の休職期間を終えて特別支援学校の現場に復帰した後に執筆した。

日本での仕事を再開させて以降、しばらくは生活に追われる日々を余儀なくされた。本書の執筆は遅々として進まず、ようやくイタリア滞在中の記録や参考資料を読み返す時間を確保できたのは夏休みに入ってからのことだった。そして夏から秋にかけての時期に取りかかったのが本書の最後に収録した論考だが、その執筆中に気づかされたのは、イタリアに滞在する以前には思いもよらなかった視点からイタリアの教育や日本の教育を見つめ直し、それに向き合うようになっていたことだった。

イタリアに渡る以前、私は約10年にわたって日本の特別支援学校に勤務していた。そうした意味では、本書は、長年日本の分離教育の枠組みの中で仕事をしてきた私が、イタリアのインクルーシブ教育という別の枠組みの中に視察のために身を置き、彼の地の教育現場での調査や見聞きしたことをもとに考察を重ね、イタリアの教育への理解を深めるにつれて、それに対する自らの認識そのものが大きく変容していく様相をほかならぬ自分自身が記録したものともいえる。

今でも鮮明に思い出せるが、本書の「はじめに」の執筆に着手したのは、2023年の4月7日の深夜に搭乗したイタリアに向かう飛行機内でのことだった。このとき私がもっていたイタリアの教育についての認識といえば書物から得た知識だけで、イタリアの学校現場にはまだ足を踏み入れたこともなく、ましてやイタリアの教育の根幹にある本質的なものなどいまだ知る由もなかった。

1年間のイタリア滞在から戻り、再びフィールドワークの記録や文献にあたりながら論考を書き進めるなかで改めて思い知らされたのは、障害児の人権や権利といった根本的な問題がインクルーシブ教育の推進においていかに重要であるかということだった。それゆえ本書の締めくくりとなる論考のテーマに、現在のイタリアの教育をつくり上げた議論の核心に位置づけられるべき論点として「障害児が通常の教育を受ける権利」を選ぶことにしたわけだが、こうした内容の論考を記すことになろうとは、私自身想像すらしていなかった。インクルーシブ教育について語るとき、以前の私は障害児の人権や権利をめぐる議論を前面に押し出すことをどこかで躊躇し、意識的に避けていたからである。

ところで、実際にイタリアに渡ってからの調査は、当初の思惑どおり順調に進んだとはとうてい言えないものだった。以前イタリアで留学生活を送った経験があるとはいえ、ボローニャには学校関係者の知り合いは一人もいなかったし、1年間のイタリア滞在はすべて自費で賄っていたため、安くないコーディネート料を支払ってまで学校現場での調査をオーガナイズしてもらう経済的な余裕もなかった。学校で調査をする機会が得られぬまま時間だけがいたずらに過ぎていくばかりで、ようやく学校での継続的なフィールドワークが可能になったのは、イタリア生活を始めてからおよそ半年近くも後のことだった。

それでも1年間のイタリア滞在中に20校ほどの学校を訪問できたのは、ひとえに今回のイタリア滞在中に知り合った方々や、かつての留学時代からの友人や知人たちの助けがあったからである。今回のイタリア渡航の半年前に刊行した『イタリアのフルインクルーシブ教育—障害児の学校を無くした教育の歴史・課題・理念—』（明石書店、2022年）の原著者であるアントネッロ・ムーラ教授とスザンナ・オンニス先生ご夫妻には、2度にわたるサルデーニャ島滞在の際には、現地の学校を訪れる機会をつくっていただくなど一方ならぬお世話になった。ボローニャ大学の支援教師養成講座を担当していたアリーチェ・イモラ先生は、ご自身が支援教師として勤務しているリミニ近郊の小学校で快く私を受け入れてくださった。住処のあったボローニャで小・中学校で継続した調査ができるよう取り計らってくださったのは、ボローニャ大学で教鞭を執るリタ・カサデイ先生である。そしてボローニャ市内中心部にあるカヴァッツァ盲人施設を幾度も訪問する機会に恵まれたのは、同施設に勤務するロレッタ・セッキさんのご厚情によるものだった。

ローマの小学校や特別学校の調査、そして夏休み中のサマーセンターやサマーキャンプに参加する機会を得られたのは、ローマ在住の綾さん・フランチェスコさんご家族の並々ならぬご厚意のおかげである。綾さんご家族との交流を通じて、私はどれだけ多くのことを教えられたことだろう。その御恩にはどれほど感謝しても感謝しきれないほどである。イタリア滞在を通じてこの度も私の支えとなってくれたのは、長年の友人でフィレンツェ大学准教授のアンドレア・ヴォルペ氏である。ヴィアレッジョの実家に私たち家族を招待してくれたあの日の夕べのことを私は決して忘れることはないだろう。

そして、トリエステ、フィレンツェ、リミニ、アッシジといった各都市の学校や関係機関での受け入れに協力して下さった方々、ヴェネツィア留学時代からの友人たち、横山明子さん、山崎麻里衣さん、こうした方々の温かいご支援なくして、この度のイタリア滞在をこうした有意義なかたちで終えることはできなかった。いちいちお名前を記すことはできないが、みなさんにこの場を借りて心より感謝申し上げたい。

最後になるが、物心ともに余裕がなかった私のイタリア滞在のために、惜しみない支援を続け応援してくれた両親に心からの感謝の気持ちを伝えたいと思う。ありがとう。

はたしていつか日本の学校にも、誰もが一緒に学ぶインクルーシブな学習環境が築かれる日が来るだろうか。不登校やいじめといった難題が幾重にも山積している昨今、日本の教育界に長く根強く巣喰っている旧来の理念や論理に拘泥したままでは、教育現場の大きな変革など望むべくもないだろう。この状況を抜本的に見直すためには、まずは私たち一人ひとりが自分の所属している制度、組織、論理の枠組みの外側に身を置き直し、まったく別の視点から今置かれている状況を捉え直す必要がある。本書が、そうした新たな視点を提供する一冊とならんことを心から願っている。

2025年1月　大内紀彦

大内紀彦（おおうち・としひこ）

特別支援学校教員。東京大学非常勤講師。

1976 年生まれ。イタリア国立ヴェネツィア大学大学院修了。

専門はイタリアのインクルーシブ教育。

訳書に『イタリアのフルインクルーシブ教育―障害児の学校を無くした教育の歴史・課題・理念―』（明石書店、2022 年）、『バザーリア講演録　自由こそ治療だ！―イタリア精神保健ことはじめ―』（共訳、岩波書店、2017 年）、『精神病院のない社会をめざして―バザーリア伝―』（共訳、岩波書店、2016 年）。共著に『インクルーシブな教育と社会―はじめて学ぶ人のための 15 章―』（ミネルヴァ書房、2024 年）などがある。

フルインクルーシブ教《きょう》育《いく》見《けん》聞《ぶん》録《ろく》
イタリアの現《げん》場《ば》を訪《たず》ねて

2025 年 2 月 15 日　第 1 版第 1 刷発行

著　者　大内紀彦
発行者　菊地泰博
発行所　株式会社現代書館
〒 102-0072　東京都千代田区飯田橋 3-2-5
Tel: 03-3221-1321　FAx: 03-3262-5906
振替 00120-3-83725
印刷所　平河工業社（本文）
東光印刷所（カバー、帯、表紙、扉）
製本所　鶴亀製本
装　幀　木下 悠
イラスト　田渕正敏

校正協力 / 渡邉潤子

ISBN978-4-7684-3608-0

http://www.gendaishokan.co.jp/

活字で利用できない方のための
テキストデータ請求券
『フルインクルーシブ
教育見聞録』

共生社会へのリーガルベース

差別とたたかう現場から

大谷恭子 著

障害者、外国人、少数民族、そして被災者……。マイノリティたちが自らの権利を取り戻そうとしてきた経緯を、国際人権条約をベースに、著者が弁護した事案や判例などを交えて解説。確固たる人権意識に裏打ちされた差別撤廃への取り組み。

2500円＋税

つまり、「合理的配慮」って、こういうこと?!

共に学ぶための実践事例集

インクルーシブ教育データバンク 編

障害のある子もない子も同じ教室、同じ教材で、楽しくみんなが参加できる教科学習、行事、学級づくりなど様々な工夫を紹介。「共に学ぶ」ことを阻害する障壁を洗い出し、合理的配慮の実践30例を統一フォーマットを用いてわかりやすく整理。

1200円＋税

ビバ！ インクルージョン

私が療育・特別支援教育の伝道師にならなかったワケ

柴田靖子 著

同じ水頭症の障害をもって生まれながら、療育→特別支援教育の“障害児専用コース”を突き進んだ長女と、ゼロ歳から保育園、校区の小学校と中学校で“普通に”学ぶ長男。二種類の“義務教育”を 保護者として経験した上で辿りついた結論とは。

1800円＋税

ディスアビリティ現象の教育学

イギリス障害学からのアプローチ

堀正嗣 監訳

関西インクルーシブ教育研究会が、イギリス障害学の研究成果（『障害と社会』掲載の教育関係論文）を翻訳紹介。障害児に対する排除や不利益をもたらすディスアビリティ（社会的抑圧）構造を解明・克服し、インクルーシブ教育の意義を示唆。

4000 円＋税

「共に学ぶ」 教育のいくさ場

北村小夜の日教組教研・半世紀

志澤佐夜 編

一教師として反差別・共に学ぶ教育を求めて通い続けた日教組教育研究集会（退職後、93 年から 01 年までは障害児教育分科会の共同研究者として参加）の 1959 年から 2006 年までの記録。変容する教育現場・教育労働運動の貴重な証言を収載。

1700 円＋税

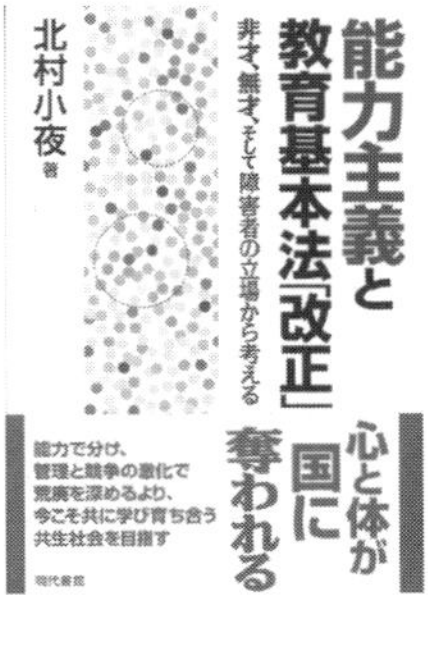

能力主義と教育基本法「改正」

非才、無才、そして障害者の立場から考える

北村小夜 著

100 人に 1 人のエリートを養成するための能力主義教育、戦争できる「ふつうの国」づくりのための愛国主義教育は誰のための教育「改革」なのか。「お国のために役立たない」と普通教育から排除された障害児者の側から「改革」の本質を糾す。

2200 円＋税